ネパール人
学習者の
日本語習得

―音声を中心に―

Rina Hikita

引田 梨菜

専修大学出版局

はじめに

　私がネパールに関わるようになったのは、所属していた日本語学校にネパール人が入学してきたときにさかのぼる。彼らは来日して間もない時期から、授業の休憩時間のたびに拙い日本語でネパールのさまざまな場所や食べ物の写真を私に見せ、紹介をしてくれた。それはあるひとりの学生がというのではなく、クラスにいるほとんどの学生が口々に私にネパールの紹介をしてくれるのである。どれだけ自分の国が大好きなのだろうかと驚きつつも感激したものである。初級課程が終わるころには、ネパールの紹介は減ってきたが、それはアルバイト先の苦労話に代わっていっただけだった。つまり、彼らはとにかくずっと話している人たちだったのである。来日したばかりで知っている日本語がほとんどなく、辞書を使いながら話していたころから、どんどん知っている文型や言葉が増えて、「おかしいです」「大変です」と言うようになった。そんな彼らが私には非常に頼もしく見えた。

　ネパール人の学生は話すのがどんどん上手になっていく一方で、授業内にテストをするとあまりに点数が悪くその差に驚かされた。作文はよく書け、間違いも少ないのに、テストになると多くの学生が伸び悩んでいるという状況に、教員一同、何とかならないかと試行錯誤をしたのだが、なかなか解決できない問題だった。

　解決策を探り始めて初めてネパール人を対象にした日本語の学習教材も日本語の習得に関する研究もほとんどないことを知った。「こんなに頑張っている彼らが教材や研究がないために苦労をしているなんて……」という一種の親心のようなものがこの研究の始まりとなったのである。

　私が日本語学校で教えていた当時の学生は、すでに専門学校や大学を卒業

し、日本で就職したり、お店を開業したりして自分の得意を活かして、活躍している。多くの人がサービス業に就き、お客さんと毎日日本語でやりとりをしているようである。自分の就きたい仕事に就けているのであれば、私にとっても嬉しい限りである。しかし、よりよい就職先を目指したいと思えば日本語の能力を示す資格試験とは切っても切り離せないのが日本での就職、日本企業なのではないだろうか。いくらネパール人が非常に高い接客スキルを持っていても、日本語能力を示す結果がなければ、自分の目指す就職先や仕事に就くことができないことも考えられる。つまり、日本で就職するなら、一見、業務に関係のないことのように見えても、日本語能力を客観的に示せる資格試験の合格が求められる場合が大いに考えられる。したがって、ネパール人が日本語を学習するための教材が開発されること、どのように日本語を習得していくのかといった研究が行われることは、ネパール人の日本語学習環境を向上させるうえで欠かせないものである。

　本書は、「ネパール人はなぜ会話が上手だと思われるのか」に続けるためのネパール人日本語学習者に関する基礎研究となっている。本文中にもあるが、次々に日本語学校が設立されているネパール国内には、「なんとかして日本に行きたい」と頑張って日本語を勉強している学習者が現在も大勢いる。その学習者にとって、本書が日本語学習をしやすくするための一助となったら幸いである。

目　次

はじめに

第 1 章　序論

1.1　着想に至った経緯

　筆者は2014年4月から日本語学校で日本語の指導にあたってきた。初年度は、そこで来日したばかりの初級学習者に日本語を指導していたが、大半が中国からの学生でネパール出身の学生は4分の1程度、残りの学生はインドネシア、ミャンマーから来日していた。そのクラスでは、中国以外の出身の学生が積極的に日本語で発言をしており、その中でもネパール出身の学生の会話能力は大きく向上していくだけでなく、インドネシアやミャンマーの学生に比べて発音がより日本語らしいものであると感じた。しかし、その一方でネパール出身の学生のテストの平均点が他の学生に比べて伸び悩むのを目の当たりにした。全員が同じ授業を受けているにもかかわらず、そのような差が見られたのである。それ以後、進路指導やアルバイトの面接練習をしても中国出身の学生が一つひとつのやり取りに苦労している一方で、ネパール出身の学生は非常に流暢に会話を行っており、さまざまな試験結果との差に驚いた。それと同時に、なぜネパール出身の学生はこのように会話ができるのか、その一方でなぜ試験ができないのか疑問を覚えた。

　日本語学校で使用している日本語教材のほぼ全てには中国語の翻訳がついている一方でネパール語の翻訳はついておらず、英語の翻訳に頼るしかなかった。それが影響しているのか、授業中にネパール出身の学生からは多く

質問が発せられた。同じネパール出身の友人にネパール語で教えてもらっている姿も目にした。ネパール語の翻訳がついている教材は日本国内で発行されていなかったことも原因の1つと考えられる。

2017年5月にネパールに渡航した際、手に入れたのが後述する『分類別語彙』である。しかしながら、この本には、さまざまな間違いがあると指摘され、著者の先生に会い、作成した経緯や目的を伺う中で、よりよい教材を作成することを約束した。

1.2 本研究の背景と目的

ネパール出身の日本語学習者（以下、ネパール人日本語学習者とする）は日本国内、ネパール国内問わず増加を続けている。ネパール人日本語学習者とは、ネパール出身の日本語学習者を指し、必ずしもネパール語母語話者とは限らない。各民族の言語が母語である場合でも、ネパールの教育で用いられる言語はネパール語もしくは英語であり、日本への留学には12年の学校課程を修了していなければならないため、ネパール語の読み書きは問題なくできることから、ネパール語話者といえる。その点から、本書ではネパール出身の日本語学習者を総じてネパール人日本語学習者と呼ぶことにする。

図1は日本学生支援機構が調査している「外国人留学生在籍状況調査」をまとめたものである。「外国人留学生」[1]とは、日本での在留資格が「留学」

---

1) 日本学生支援機構によると、「「外国人留学生」とは、「出入国管理及び難民認定法」別表第1に定める「留学」の在留資格により、我が国の大学（大学院を含む。）、短期大学、高等専門学校、専修学校（専門課程）、我が国の大学に入学するための準備教育課程を設置する教育施設及び日本語教育機関において教育を受ける者をいう」と定義づけられている。〔https://www.jasso.go.jp/about/press/jp2023030701.html（2023年8月23日閲覧）〕

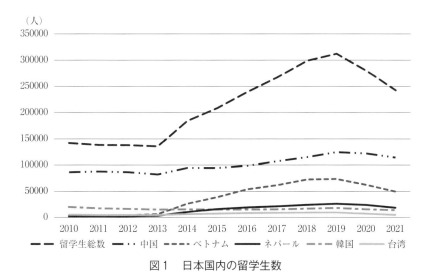

図1　日本国内の留学生数

出典：日本学生支援機構「外国人留学生在籍状況調査」より筆者作成。

である者を指しており、日本語を学習しない留学生もいるため、「日本語学習者」と「留学生」は、厳密には同義ではないが、本書では同義として扱う。これによると、日本国内の留学生は常に中国人留学生が最も多い人数を占めており、2010年に 2 番目に多い韓国人留学生、 3 番目に多い台湾人留学生の留学生数はそれ以降も横ばいである。それに対し、ベトナム人留学生、ネパール人留学生は2013年を境に留学生総数が大幅に増加するのに合わせるかのように増加しており、2015年には両者とも韓国人留学生・台湾人留学生の数を上回った。それ以降 2 番目ベトナム人留学生、 3 番目ネパール人留学生の位置を維持している。

　図 1 からわかるとおり、2019年以降は新型コロナウイルス感染症の影響で減少傾向にあるものの2021年度調査によると、ネパール人留学生は 1 万8825人が日本におり、留学生全体の7.8％を占めている。

　また、日本国内だけでなく、ネパール国内でも日本語学習者数・日本語教

師数・日本語教育機関数ともに増加が続いている。国際交流基金が行っている海外日本語教育機関調査の結果を表1にまとめる。調査は3年おきに行われており、2021年度にも調査は行われているが、その結果は現段階では公表されておらず、2022年時点で2018年度の結果が最新のものである。

表1　ネパール国内の学習者数・教師数・機関数

	2012	2015	2018
学習者数	2748人	4262人	5326人
教師数	228人	376人	443人
教育機関数	49機関	106機関	126機関

出典：国際交流基金「海外日本語教育機関調査」の結果より筆者作成。

　表1のとおり、6年間の様子がわかるようになっている。学習者数・教師数はどちらも2倍近くにまで増加し、機関数は2.5倍以上にもなっている。教育機関数については後述する結果と大きく差があるため、この結果よりもさらに多い可能性もあり得るが、ネパール国内でも変わらず日本語教育が盛んに行われていることがわかる。

　日本国内でもネパール国内でも日本語学習者が増加し続けている一方で、ネパール人日本語学習者を対象にした日本語の習得に関する研究や誤用分析は管見の限り行われていない。ネパール人日本語学習者を対象にした日本語の教材もほとんどない。これでは、ネパール人日本語学習者の日本語を学習する環境が整っているとは言いがたい。さらに、日本語学校に所属している日本語教師の多くはネパールという国を知らないためか、ネパール人留学生への日本語指導や進学指導についても手探りの状況が続いていると感じている。

　このことから、本研究はネパール人日本語学習者がどのような学習者で、

どのような日本語の音声習得の特徴を持っているのか、ネパール語に着目して明らかにすることを目的とする。これは今後、ネパール人日本語学習者を対象とした語彙集や教材等を開発するための基礎研究とするためである。

　ネパール人日本語学習者がネパール国内でどのような教育を受けて、なぜ日本留学を目指すのか。また、現状ネパール人日本語学習者を対象にした日本語教材やネパール語訳のついている教材はほとんどないが、その点に問題はないのだろうか。問題があるならばどのような教材であればよいのか。そして、他の言語を母語に持つ学習者と比べて日本語での会話能力が高くなると考えられているネパール人日本語学習者であるが、それはなぜなのか。ネパール語に着目して探っていくこととする。

1.3　本研究の意義

　前節で述べたように、ネパール人日本語学習者は日本国内、ネパール国内問わず増加を続けてきている。その一方でネパール人日本語学習者を対象にした日本語習得に関する研究やネパール人日本語学習者を対象にしている教材と思われるネパール語訳等がある教材もほとんどない。中国語訳やベトナム語訳のある教材と比較すると、その差は歴然としている。これでは、ネパール人日本語学習者が日本語を学習する環境は整っているとは言いがたい状況が続いている。したがって、今後多方面から学習環境を整えていく必要性があるであろう。

　先述したきたように、ネパール人日本語学習者に関して日本語の習得や誤用分析といった研究はほとんど行われなかったことから、本研究は今までほとんど行われてこなかった研究を行うという点でネパール人日本語学習者の学習環境を整えるための一助となり得ると考えている。今後も学習者の増加が見込まれることから、学習環境を整えるためには、本研究のみならず、さ

らなる研究が必要であるといえる。

1.4　本書の構成

　本書は、まず現状のネパール人日本語学習者への指導に問題はないのかを
探っていく。そのポイントを３点に絞った。１点目は、先行研究で明らかに
なっているネパール人日本語学習者を対象にした研究をまとめる（２章）。
２点目は、今まで手探りでの日本語指導や進路指導を受けていたと感じられ
るネパール人日本語学習者がどのような学習背景を持って来日してくるの
か、なぜ日本への留学を目指すのかについて（３章）、聞き取り調査によっ
て明らかにした。３点目は、ネパール人日本語学習者を対象にした日本語教
材やネパール語訳の付いた日本語教材がほとんどないという問題があるが、
これについてネパール人日本語学習者はどのように感じているのか、学習す
るうえで問題がないのかについて（４章）、聞き取り調査によって明らかに
した。

　１〜４章の内容を踏まえ、まず、ネパール人日本語学習者にとって、日本
語を学習することは言語の構造上、どれほど困難を伴うものなのだろうか。
ネパール人日本語学習者の母語もしくは共通語であるネパール語について日
本語との関係性を探る（５章）。次に、実際にネパール人日本語学習者はど
のように日本語を習得しているのか。日本語の音声習得に焦点を当てて知覚
実験（６章）と生成実験（７章）を行った。研究対象とするのは、日本語学
習者にとって習得が難しいと考えられている特殊拍のうち長音と促音、さら
にネパール人日本語学習者の母語もしくは共通語であるネパール語の表記と
発音にずれが見られる長音と子音＋半母音 /j/ である。日本語の習得の中で
も音声習得に焦点を当てるのは、後述する先行研究にも挙げられているよう
に、ネパール人日本語学習者は、日本語での会話能力の向上が著しいと感じ

ているためである。今後、語彙集や教材等を開発するうえでも、得意な面か
らアプローチできることは、学習のしやすさにつながると考えられるため、
音声習得に焦点を当てて研究を行う。

　なお、本書では日本国内および、ネパール国内で聞き取り調査等を行っ
た。調査を行った期間は、2018年2〜11月、そのうちネパール国内での調査
は3月、8〜9月である。本書にはその調査の内容および結果が多く含まれ
るが、筆者が実際に行い、調査協力者から公表の許可を得たものだけを使用
している。また、ネパール語については、2018年度に自由学園の最高学部
（大学部）での聴講1年、2019年度に東京外国語大学オープンアカデミーで
の受講を1年したほか、野津治仁2)先生についてネパール語の学習および研
究を続けている。

---

　2)　東京外国語大学オープンアカデミーのネパール語を担当している。著書に『CD エ
　　クスプレス　ネパール語』（白水社）、『旅の指さし会話帳25　ネパール』（情報セン
　　ター出版局）がある。

第2章　先行研究

　本章では、現在までのネパール人日本語学習者とネパール語に関する先行研究をまとめる。

2.1　ネパール人日本語学習者について

2.1.1　日本語学校での様子

　柳（2017）では、福岡県のネパール人留学生の実態に関して、留学生の現状と背景等を調査したうえで、ネパール人留学生が抱えている課題を明らかにしている。

　日本国内で、ネパール人留学生が増加している背景に、出稼ぎ労働者が増加しているといったネパールの国内事情と日本国内の外国人留学生受け入れ事情が絡み合っているとしている。その中でも福岡県を選択する理由には、東京と比べるとビザ申請の条件をクリアするのが容易であること、他の大都市よりも物価が安く生活がしやすいこと、福岡県にはネパール人コミュニティが存在することを挙げている。

　その一方で、日本語学校卒業後、専門学校に進学する傾向が強いネパール人留学生だが、就職希望分野と専門学校の関連分野が合わず、就職活動が難しくなるという課題や「地域との交流」と「日本人の友達ができるきっかけづくり」が生活環境で充実することを希望しているにもかかわらずその機会

にあまりめぐまれていないことから、留学生活における地域との交流に関する課題が挙げられている。

　岩切（2015）では、日本語学校の現状を福岡県のＡ校を例に日本語教師として勤めている筆者のエスノグラフィックな観察に基づく視点と学生に対する聞き取り調査を基にした視点からまとめている。

　日本語学校のＡ校でのネパール人学生の様子として、ひらがなとカタカナの読み書きも教えた書き順どおりに書こうとする者はほとんどいないこと、授業中はネパール語で頻繁に私語をしたり居眠りをしたりするため、教師は日本語を教えることよりも彼らをいかに黙らせるかのほうに労力をつぎ込むことになること、テストを受ける際には、テスト中にネパール語で誰かに話しかけたり、横の人の答案を覗き見したりすることが日常茶飯事であること等を挙げ、ネパール人学生は「日本語の学習意欲が低い上、基本的な勉強の仕方自体が、私たちの考えているそれと大きく異なっている」と述べている。

　これらは一部のコンサルタントの虚偽の情報を聞いた出稼ぎを第一目的とする学生と、勉学との両立を図りたい学生が混在してやってきた結果であるとしている。この現状は教師・学生の双方に望ましいものとはいえないが、出稼ぎ目的の留学生をすべて排除すればよいという単純な問題でもないと考えている。

　日本語学校が取り組むべき解決策としては、１つ目にネパール人のみで構成されたクラスを作らないことを挙げている。これは、中国人学生も多くいる別の学校ではネパール人学生の学習意欲も総じて高いことを理由としている。２つ目に、契約している仲介業者が詐欺的なコンサルティングを行っていないか常にチェックすることを挙げている。ネパール人学生の学習意欲の低さは、彼らの文化や特徴に起因するものではなく、日本語学校のあり方にも責任があり、それは教師がどのように指導するかという問題よりもはるか

に大きいと述べている。

　嘉手川（2016）では、沖縄県のＡ日本語学校に在籍するネパール人学習者を事例として、沖縄県の日本語学校で学ぶネパール人学習者の学習動機、生活環境、心の支えを中心にその現状と特徴について調査を行い、報告している。

　その結果、学習動機としては「日本語そのものへの興味」が最も高く、次に「日本への留学」が続き、生活で満足していることにも「学校」や「教師」、心の支えにも「学校」や「日本語教師」が最も多く回答されている。しかしながら、事前調査からは「日本は留学先として第二の選択肢」であったこと、中には就労目的で来日し、学習意欲が低い学生がいることも明らかになっていて、Ａ日本語学校に在籍するネパール人学習者が特別「良い」ネパール人学習者ではなく、「一般的な」ネパール人学習者であると考えている。このことから、どの日本語学校においても、学習者に満足感を覚える「心の拠り所」となり、高い動機づけを与えることは可能であると述べている。

　他府県にはない沖縄県の日本語学校の強みとしては、日本語学校間および日本語教師間の連携を挙げ、これを活用して実質的な支援を広げていくことが重要だと結論づけている。

　以上３つの先行研究を挙げた。これらの研究では、ネパール人日本語学習者が来日してからの様子として、福岡県２校、沖縄県１校の日本語学校での現状がそれぞれまとめられていた。そもそも意欲的に日本へ来たとも言い切れず、自らの選択であっても来日は就労目的であるため学習意欲が低かったり、授業態度が悪かったりする様子が明らかになった。一方で沖縄県のＡ日本語学校のようにサポート環境を整えることが高い動機づけに結びつくということも明らかになった。しかし、これを日本全国の日本語学校でも行えるか考えた場合、沖縄県のＡ日本語学校のように学生個人に対するサポート環

境を整えたり、学校同士の結びつきを強くして、情報交換や意見交換を行うことは、あまり現実的ではなく、なかなか実現しづらいサポートであることから、他の方法も検討するべきところだと思われる。

2.1.2　その他の例

2.1.2.1　漢字指導の例

　土屋（2013）は、所属する専門学校に日本語学科が新設され、非漢字圏の学生が入学してきたことによって、漢字になじみのない学生に対してどのように指導すればより効率的に漢字の読み書きの習得を進められるか、その指導を通して直面した事例とその考察を実践報告としてまとめている。

　配布した漢字練習帳への宿題では、縦書きになじみがないからなのか、背表紙側から書いたり、ノートを上下逆さまに書いたりとさまざまな使われ方をしていることに直面し、そこから指導する側も学ぶ側も自分の文化の枠にあてはめて考えずに、柔軟性を持つ必要性を感じたと述べている。

　次に、筆者（土屋）本人がネパール語の文字であるデーヴァナーガリー文字（本文表記による）で日本語の五十音や自身の名前を書いた際に、デーヴァナーガリー文字はどこからどこまでが1文字であるのか、どのような書き順で書くのかわからないという経験をすることによって、全く漢字になじみのない学生が漢字を学ぶ心理を体感する絶好の機会だったとまとめている。さらに、そこから漢字の提出順に関してもモチベーションを高く保つためには、既存の考え方と一致しなくても、「できるだけ学生に近いもの、日常生活における接触頻度の高いものから学習していく」ほうがいいのでは、という考えから課の中で1つテーマを決めて取り上げる方法を始めたという。

　また、書き順に関しては日本人を対象とした漢字教育の時ほど重要視せず

にカタカナなどの既知情報を応用するほうが漢字と学習者の距離を縮めることができ、記憶に定着しやすいのではないかと述べている。逆に「漢字を何度も書く」ことについては、特に漢字練習帳の最上段や同一プリント内に見本がある場合の視写に効果が感じられているため、宿題として課しているという。

「漢字に対する拒否反応が知らず知らずのうちに薄れ、いつの間にかわかる漢字が増えて、ふと気づくと漢字に興味が湧いている」流れを作っていきたいとしている。

ここでは、この筆者（土屋）がネパール語に触れることにより、ネパール人日本語学習者が漢字を学習する際の困難点や心理的な気づきをまとめている。また、漢字の練習について、視写に効果が感じられているとあるが、どのような効果があったかやネパール人日本語学習者が継続して学習し続けられているのか等については明らかではない。

2.1.2.2　年少者教育の例

若井（2015）では、東京都杉並区にあるネパール人学校でゼミ生が行った日本語学習支援活動についてまとめている。

日本語の習熟度の全く異なる生徒が 1 つのクラスで授業を受けなければならないこと、日本語学習の重要性に対する意識が低いこと、天真爛漫で元気いっぱいであるネパール人の生徒をまとめなければならないことの 3 点をクラス運営の難しさとして挙げている。

授業に参加した41日間の中で、日本語授業の展開のしかた、日本語能力がバラバラなクラスをコントロールするコツ、ネパールの言語と文化など多くの学びがあっただけでなく、日本語教育に携わるうえでは相手のこともよく知らなければならないこと、日本語学習者の母語によって日本語の難しさは異なることも再認識できたとしている。また、ネパール人学校の先生が考え

ている子どもにとって「将来のために今何をすべきか」という姿勢から教育の原点を見られたことが大きな学びだったとまとめている。

　しかし、これはネパール人だからという特別な事例ではない。また、ゼミ生の視点の気づきとしてまとめられており、ネパール人学校の生徒にとって何がベストかは明らかではない。

2.1.3　まとめ──日本国内のネパール人日本語学習者に関する先行研究

　以上の先行研究からは、日本語学校だけでなく、専門学校の学生やネパール人学校の生徒、いずれの学生も元気がよく、話好きである様子が見られ、居場所や年齢の影響を受けないと感じられた。ネパール国内の街中でも非常に活気のある様子が見られることから、その点はネパール人の気質と推察される。

　どの学校でも指導にさまざまな方法を模索し、よりよい環境づくりをするための努力がされている。しかしながら、ネパール人日本語学習者に関する研究は以上のような事例研究や学習者増加の背景を探ったものが多く、日本語の習得に関するものは管見の限りない。

2.2　ネパール語の構造

　夜久（1976、1987）では、アジア諸語の関係性について文法構造を基準にしてアジアの言語を比較している。日本語の語順とアジア圏の言語の語順を比較しており、夜久（1976）では「ネパール語は語順、文法が日本語と非常によく似ている、ネパール語には開音節の単語が多い」（p.121）と述べられている。欧米語の比較基準で世界の言語を比較するだけでは、アジア諸語の言語の比較はできないと考えており、日本語、韓国語、モンゴル語、チベッ

ト語、ネパール語、ヒンディー語に共通する性質として一人称主語を使わないことが挙げられている。また、これは膠着語の言語に共通の現象ではないかと述べている。

　夜久（1987）では、さらに比較対象を増やし、さまざまな言語の語順を見ていくことによって膠着語であるかどうかを探っている。

　確かにネパール語と日本語の語順が似ていれば、ネパール人は日本語が学習しやすいだろうし、逆に日本人はネパール語が学習しやすいだろう。しかし、ネパール語の語順がいくら他の言語と同じであっても、他の言語と同じ膠着語であっても、いくつかの例文のみで習得できるわけでもない。つまり、この 2 つの研究のみを言語の習得に応用することや指導に応用することはかなり厳しいのである。

2.3　まとめ——ネパール人日本語学習者やネパール語に関する研究の現状

　本章では、ネパール人日本語学習者の日本語学校での様子や漢字学習等の事例研究、ネパール語の語順に関する研究を挙げた。これらについて、ネパール人日本語学習者が在籍している日本語学校の教員が対応に苦慮しているために活用することは可能であろうが、日本語学習のためや日本語の習得のために活用するのはなかなか難しい。また、ネパールでどのような教育を受けて来日するのか、どのような学習背景を持っているのか、さらにどのように日本語を習得していくのかについての研究は管見の限りない。これでは、ネパール人日本語学習者の日本語指導は手探りの状況が続いてしまうと言わざるを得ない。日本語学習の環境を少しでも整えるためにも先述したような研究が求められる。

第3章　調査1：ネパール人日本語学習者の特徴1

3.1　はじめに

　1章で述べたように、ネパール人日本語学習者は現在も増加を続けているが、日本語学校に所属している日本語教師の多くはネパールという国を知らないためか、ネパール人日本語学習者への日本語指導や進学指導等に対して手探りの状況が続いていると筆者は感じている。

　では、来日してくるネパール人日本語学習者はどのような特徴を持っているのだろうか。ネパールではどのような教育を受け、どのような理由で日本への留学を選択しているのだろうか。以下の教師、学習者に対して、インタビュー形式による聞き取り調査を実施した。

　　・ネパール人日本語教師
　　・日本在住のネパール人日本語学習者
　　・ネパール在住のネパール人日本語学習者

　この調査を基に本章では、ネパール人日本語学習者がネパール国内でどのように日本語を学習してから留学してくるかだけでなく、ネパール国内の日本語教育の実態やそもそもネパールではどのような教育を受け、どのような教育習慣を持っているのかという観点から、日本への留学を選択する理由について明らかにした。

　以下、2節では先行研究を整理し、3節では調査内容について説明する。

4節以降では、国の情報（4節）、ネパールの教育について（5節）、ネパールの日本語教育・留学について（6節）のように項目ごとに調査から明らかになった結果を述べ、7節ではその結果から見た日本への留学を選択する理由をまとめる。

3.2　先行研究

ここでは、今まで行われてきたネパール人日本語学習者の研究をまとめる。ネパール人日本語学習者に関する研究では、事例研究が多い。そのうちネパール人留学生の増加に焦点を当てた先行研究をまとめる。

柳（2017）では、先行研究に加え、福岡県在住のネパール人留学生および元留学生、またネパール人留学生を受け入れている福岡県の日本語学校関係者および日本語講師にヒアリングを行った結果から、ネパール人留学生の増加の背景にはネパール国内の事情（1）出稼ぎ労働者の増加、（2）日本向け留学斡旋機関の乱立と日本国内の外国人留学生受け入れ事情として日本政府の「留学生30万人計画」等が複雑にからみあっていると述べている。

佐藤（2012）は、ネパールで留学希望者が急増している背景として、政治的な混乱により経済が低迷し、国内に十分な雇用機会がないため、海外移住の第一段階として留学をする傾向が強いことを挙げている。さらに、日本への留学の要因に学費がアメリカやオーストラリアより安価であること、アルバイトが可能であること、留学生の就職機会が増加していることを挙げている。

浜田（2014）は、唯一ネパールからの視点で書かれている。そこでは、日本に限らず、ネパールの海外留学ブームの背景には、ネパールの政治、経済情勢が大きな要因となっているとしている。一方で、日本へ留学するネパール人について、「不十分または誤った情報を得て渡日したために、その後困

難な状況に陥る学生が増えている（p.38）」と問題点についても述べている。

　以上の３つの先行研究からは、ネパール国内の政治的な混乱や経済の低迷によって雇用機会がないことが留学を目指す要因となっていて、日本への留学は英語圏の学校より学費が安いことやアルバイトが可能であること、日本向け留学斡旋機関の乱立、日本の政策「留学生30万人計画」が増加の要因として挙げられている。

　しかし、ネパール人日本語学習者が受けてきた教育やその現状と日本への留学との関係性について言及している先行研究は管見の限りない。

3.3　調査内容

3.3.1　調査協力者

　本研究の調査協力者は以下のとおりである。

・ネパール人日本語教師３名（以下、T1、T2、T3とする）。
　いずれもネパール在住であり、それぞれ異なる日本語教育機関に所属している。調査は2018年８月に筆者がネパール、カトマンズで実施した。調査時には、現役で日本語教師をしている。T1・T3は、インタビュー時、筆者とはすでに数か月前より面識があり、連絡がとれていた日本語教師である。また、T2は初対面でインタビューを行ったが、T1からの紹介ということもあり、詳細に話を聞くことができた。

・ネパール人日本語学習者152名（以下、Sとする）。
　内訳はネパール在住が100名、日本在住が52名である。

3.3.2 調査方法

　本研究で行ったインタビュー調査について説明する。インタビューは1対1の対面式で行った。調査期間は2018年2月から11月まで、筆者がネパール国内と日本国内の両地域で直接実施した。詳細は以下のとおりである。

・2018年2月：　　　　日本国内
・2018年3月：　　　　ネパール国内
・2018年4月〜7月：日本国内
・2018年8月〜9月：ネパール国内
・2018年9月〜11月：日本国内

　また、インタビューで行った質問を表2に示す。

　（1）から（17）までは調査協力者全員に共通の質問を行い、（18）から（20）までの質問はT1・T2・T3のみに尋ねた。アンケートの回答方式は（1）〜（10）までが構造化、（11）からは半構造化であり、回答者の答えに対して、さらにいくつか質問して内容を確認しながら進めた。日本在住のSには来日後の学歴やアルバイト歴等についても尋ねているが、本研究では扱わないので割愛する。このうち、本研究で扱う質問項目は、（9）使用・理解できる言語、（10）学歴、（11）小中高での勉強方法、（12）テスト対策の方法、（13）日本・日本語に興味を持った理由・時期、（19）使用教材・教授法、（20）日本語学校・日本語学習者急増の理由である。それぞれの回答は4節以降の結果でまとめる。また、結果には上記に対する回答のほかに、自然会話の中で明らかになったことも含まれている。

　インタビューは基本的に日本語で行った。しかし、ネパール在住のSには日本語ではわからない質問があったため、同じ内容について英語で尋ねたも

表 2　質問項目一覧

（1）名前
（2）誕生日
（3）出身地
（4）居住歴
（5）家族構成
（6）両親の母語・出身地
（7）母語
（8）家族それぞれとの会話時の言語
（9）使用・理解できる言語
（10）学歴
（11）小中高での勉強方法
（12）テスト対策の方法
（13）日本・日本語に興味を持った理由・時期
（14）ネパールでの日本語学習歴
（15）来日経験
（16）日本での日本語学習歴
（17）日本語学習の簡単なこと・難しいこと
（18）日本語の教授歴
（19）使用教材・教授法
（20）日本語学校・日本語学習者急増の理由

のもある。また、この調査では、事前に調査の目的を説明し、録音・公表の同意を得たものだけを使用している。

3.4　ネパールと学習者の背景

　この節では、ネパールの基本情報をまとめる。ネパールの位置は中国とインドの間（図 2 参照）で、面積は北海道の約1.8倍である14.7万平方メートル、人口は2,649万人である。また、2016〜17年のネパールの一人当たりGDP は770ドルであった（総務省統計局　2022）。日本は約 4 万ドル、韓国

図2　ネパールの位置

出典：引田（2022）p.4内の図。CC BY SA http://webjapanese.com/

表3　各国の基本情報

	面積 （万 m²）	人口 （1000人）	一人当たり GDP （ドル）
ネパール	147,181	26,495	770
日本	377,976	126,146	39,396
中国	9,600,000	1,339,725	7,944
韓国	100,401	51,069	29,423

出典：総務省統計局「世界の統計2022」https://www.stat.go.jp/
data/sekai/index.html。

は約3万ドル、中国は約8000ドルであることから、ネパールの一人当たり
GDP は留学先の日本や他の留学生の母国とかなり差があることがわかる。
以上の項目を国ごとにまとめると表3のようになる。人口・面積は2022年の

数値を引用したが、一人当たりGDPは調査時の数値と比較するため2016年の数値を引用した。

　ネパールの一人当たりGDPが770ドル（2016〜17年）であったのに対し、日本に留学している学生のいる家庭の平均年収は852〜3708ドルである（T1）ことから、ネパール国内では多少なりとも裕福な家庭が日本に留学させていることがわかった。それをSは日本に留学させる家庭はネパール国内の階級でいうと「中級程度の家庭」だと表現し、中級程度以上のより裕福な家庭は英語圏への留学をさせることが多いとしていた。

3.5　ネパールの教育

　この節ではネパールの教育について焦点を当てる。まずは、ネパールの教育制度について説明し（3.5.1）、次にネパールで重視されている試験（3.5.2）、学校の特徴（3.5.3）、学校の授業（3.5.4）や宿題の扱われ方（3.5.5）の面からそれぞれ結果をまとめていく。

3.5.1　教育制度

　まずネパールの基本的な教育制度について説明する。ネパールにおける教育制度を以下に表で表した。

　まず、表4の説明を行う。LKGとはLower Kinder Garten、UKGとはUpper Kinder Gartenであり、日本では幼稚園の年少、年長に当たる学年である。class 1-5はPrimary Education、class 6-8はLower Secondary Education、class 9、10はSecondary Education、class 11、12はHigher Secondary Educationとそれぞれ英訳されるものである。日本の学年に当てはめるとclass 1が小学校第1学年に、class 12が高等学校第3学年に当た

表4　ネパールの教育制度

年齢	0歳			7歳			18歳
日本	保育園・幼稚園			小学校	中学校	高等学校	
ネパール	ナーサリー	L K G	U K G	class 1-5[3]	class 6-8	class 9、10	class 11、12

出典：筆者作成。

る。ネパールでは英訳は使わず、class 1、class 2のように学年を通し番号のようにして表している。

　表4はネパールの教育制度と日本の教育制度を比較しやすいように、日本の教育制度の年齢を基準に並べたものである。T1によると、これは古い制度のもので、日本でいう小学校以降の区分を class 1-8、class 9-12に移行中であったが、現時点では中止が決まったとのことだ。

　外務省（2017）によると、ネパールの class 1へは満5歳以上で入学でき、class 1-8の基礎教育は無償義務教育とされている。しかし、T1によると、class 1へは4歳で入学する人が最も多いだけでなく、もっと上の年齢、15歳や20歳の人も在籍している。その上、必ずしも教育を受けなければならないわけではなく（罰則規定もない）、学年が上がった際、たとえば class 5になった際には転校や退学が原因で class 1入学時の人数の75％程度になっていることもある。さらに、公立学校では学費や教材は無償だとしても、学年が上がる進級の度に入学金を払ったり、部活動や授業後の補習に別途お金を払ったりする必要があり、完全無償とは言いがたい状況である。

---

3)　学年を class 1などと表す

　日本に留学するためには、class 12までの課程を修了している必要があるが、ネパールではいくらclass 12の修了を希望していても、経済的な問題で進級できなかったり、試験に合格できなかったり等の理由で入学者全員が修了することは難しい。さらに言えば、入学者全員が同じ年齢で修了することはより厳しいことがわかる。これは、ほぼ同じ年齢で、かつ入学者のほとんど全員が卒業する日本とは大きく異なる。

3.5.2　試験

　ネパールの教育においては、試験が大きな意味を持つ。T1やSによると、class 1のときから、テストは全て記述式で、学年が上がるにつれて1問の得点配分が上がり、問題数が減る傾向にある。さらに、class 11、12や大学生になると、1つの教科に3時間もかけて試験を実施することもあるという。

　特に重視されている試験は、中学校卒業〔SLC（School Leaving Certificateの略）〕や高等学校卒業の資格を取得（Higher Secondary Education Board Examination 等）するためのもので、ネパール全土で共通の問題で試験が行われている。進級するためにも試験があるが、それに関しては、学年によって学校内だけのものや地域で共通の試験が行われることもある。このように、試験が重視されているため、普段の授業から試験のための知識詰め込み型の授業が展開されており、学校に対する評価もこれらの試験の合格率が大きく影響する。

　ネパールでは、これらの試験の結果に応じて将来が決まるが、逆に試験さえできていれば、授業態度や出席率を問われることはない。

　来日後、ネパール人日本語学習者が日本語学校での試験の際に巧妙にカンニングを行う様子について、T1、T2、T3にその理由を尋ねたところ、「日本の試験は簡単すぎる。マークや選択肢式だからカンニングできてしまう。

ネパールは記述式だから誰もカンニングしようとしないし、カンニングしようとしてもできない」と説明した。しかし、その一方で、T1によると、「ネパールの試験は1つの教科の点数が35％を超えていれば合格できる試験だから、平均点は関係ないし、全員の点数が高いことがいいことという認識はある」とのことから、授業の理解度を測っている日本語学校の試験についてネパール人日本語学習者は試験の目的が理解できていないのではないかと感じた。

　ここでは、ネパールでは知識詰め込み型の教育が行われていること、ネパールでは試験が絶対であるため、授業態度や出席率は問われないことが明らかになった。また、試験の目的が日本とネパールでは異なること、選択肢がある日本語学校のテストはネパール人にとって簡単すぎると感じられていることもわかった。

3.5.3　ネパールの学校

　ここでは、ネパールの学校の種類とその違いについてまとめる。
　ネパールの学校には日本と同じように公立と私立の2種類がある。Sによると、ネパールの一般的な傾向として指導に当たる教師や設備等を含めて、私立のほうが評価が高く、学力的にもレベルが高い学生が多いという認識である。最近は公立学校も職場の環境改善に力を入れているが、教師にとっても私立学校のほうが魅力的に見えているようだ。
　また、ネパールには学区がないことから、「少し都市から離れている町に住んでいるけど、お金がある」という生徒はバスで毎日片道1時間かけて通ったり、学校の寮や学生のためのアパートに住み、試験の合格率が高い人気のある学校に通ったりしている。しかし、都市から遠く離れていたり、あまり裕福でない家庭では、人気が高くて学費も高い私立学校には通わせるこ

とができないため、地域にある公立学校に通わせるしかない。

　こういった状況の中で、公立と私立の教育に関する大きな差は英語にある。公立私立問わず、英語の授業は行われている。ナーサリーでも英語の授業を行う学校もあるほど、ネパールでは英語の教育に力を入れている。しかし、T1やSによると、公立学校では授業が理解できていれば、英語が実際に使えなくても問題ないとされており、英語以外の授業は全てネパール語で行われ、学校内での会話もすべてネパール語で行われている。そのため、T1によると、公立学校では英語を使う機会はほとんどなく、理解していても使えないことはあり得るということだった。

　それに対して、Sによると、私立学校はネパール語以外の授業が全て英語で行われているだけでなく、学校内では生徒同士でも英語で会話することがルールになっていて、それを破れば罰があるほど、厳しく定められている。

　このことから、公立学校と私立学校では学生や教師の英語のレベルに大きな差があることがわかる。しかし、日本国内の日本語学校に所属している日本語教師には「ネパール人は英語ができる」という認識があり、日本語教材にも英語の翻訳があれば、意味が理解できると思っているが、それは思い込みだった。特に公立学校を卒業した学生の中には、英語の翻訳があってもそれを理解できない学生がいる可能性もあることがわかった。さらに、Sによると、日本はアメリカ英語でネパールはイギリス英語であるとのことから、実際は知っている単語でも英語翻訳が理解を阻害していることもあると推察される。たとえば、elevator と lift が例に挙げられる。アメリカ英語では elevator、イギリス英語では lift というが、ネパールでも lift というため日本で初めて「エレベーター」と聞いたときには何を指すのかわからないという経験をしたネパール人日本語学習者もいる。

　ここでは、ネパールには 2 種類の学校があること、その違いによって、英語の理解に大きな差があることがわかった。

3.5.4　授業

　ここでは、ネパールの学校での授業についてまとめる。

　T1によると、授業で扱う教科は試験科目になるもののみで、日本の学校では必ず勉強しなければならない保健体育や音楽等は授業後に行われている部活で学習するシステムになっている。

　授業時間は、class 1〜9が10時から16時までである。class 10は、修了時に中学校卒業に値する試験があり、非常に重要な時期だと考えられているため、試験に対して高い目標のある厳しい学校では、通常時間よりも授業時間を長くし、7時から18時まで授業を行い、試験のための準備をしている。そして、さらに厳しい学校の場合、class 10になったときには、学校の寮に住まわせ勉強させることもある。試験の合格率が学校の人気を左右するため、学校や教師もかなり力を入れていることがわかる。では、その他の学年はあまり勉強に専念しなくてもよいのか、というとそうではない。学年末試験に合格できなければいわゆる留年となるため、やはり生徒は進級に向けて備えている。その方法には、授業後に学校で実施される補習を受けたり、塾に通ったり、家庭教師に来てもらったりする等の選択肢があり、準備の早い家庭では class 1や class 2のときからすでに学校の授業以外で学習の機会を設けている。

　class 11、12は専門や学校によって、授業内容がかなり異なるようだが、大学で勉強したい内容のその前段階として、基礎知識を勉強することになっている。また、基本的には日本の高校に当たる期間を「＋2（プラスツー）」と呼び、class 11、12を指すが、必ずしも2年間の課程（日本の高等学校に値する）ではない。医療や看護等の専門によっては日本の専門学校のような技能・技術教育訓練施設（外務省　2017）で、3年かけてこの課程を終える

こともある。つまり、日本への留学で求められる12年の課程を終えるまでの年数が人によって異なるということである。

　ここでは、ネパールの学校の授業についてまとめた。ここから、ネパールの学校は試験に向けてみっちり勉強していること、日本に留学するために修了していなければならない12年の課程を修了するまでにかかる時間が順調に進んでも人によって異なることが明らかになった。

3.5.5　宿題

　ここでは、ネパールではどのように宿題が出され、どのように取り組むのかについてまとめる。

　先述したとおり、試験に合格することが最も重要であるため、宿題もかなり重視されている。T1によると、ネパールでは、ナーサリーに在籍している時期から、その日勉強した文字を何ページも練習する宿題が出されるため、毎日何時間もその宿題に費やしている。さらに、class 1以上の宿題の内容は、その日の授業の練習問題やそれを使って文を作ってくる等のものが多いため、授業も含め、自分で自由に作ったり、自分の考えを述べたりすることはない。またSによると、そもそも試験科目にある教科しか授業科目にならないが、1日の中で勉強しない教科はなく、教科書のある教科全てを毎日1コマずつ勉強している。その日の授業の進み具合によって、宿題の量に差があるが、1年を通してみると、一度も宿題が出ない教科はなく、全ての教科で宿題が義務づけられている。また、T1によると、厳しい学校では、宿題を一覧表にして保護者がその日の宿題を終わらせたかどうかチェックできるようになっていて、そのリストを保護者に提出させる学校もある。このように、日々の宿題の量はかなり多く、そこに多くの時間を割かれることから、授業後に自ら予習復習に取り組むのはかなり難しく、その習慣もない。

以上から、その日の授業に応じて練習問題や文を作る宿題が出されていること、試験のためにも宿題に必ず取り組まなければならないこと、またこのことからネパール人日本語学習者には予習復習の概念はないと推察されることが明らかになった。

3.6　留学

この節では、留学について、言語に対する考え（3.6.1）、留学に対する考え（3.6.2）、日本語教育機関の乱立（3.6.3）、ネパール国内の日本語教育機関で学習している受講生について（3.6.4）の面からそれぞれまとめる。

3.6.1　言語に対する考え

ここでは、ネパール人の言語に対する考えをまとめていく。

ネパールは多民族国家であり、多言語国家であるが、英語の授業が公立私立問わず行われているように、国民全体の意識として、英語を最重要視している。そのため、ネパールでは英語ができなければ、将来の道が狭められてしまう。ネパール国内においては、英語であればわざわざ余計なお金をかけて言語の教育機関に行かなくても、私立学校で重点的に学習できる。つまり、将来的に英語圏への留学が検討できる。

それに対し、日本語はいくら勉強して、日本語のレベルが高くなっても留学先は日本の1か国に限られてしまう。それにもかかわらず、留学渡航先として2番目に多いのが日本であることからも、将来につながるメリットが見込めれば、言語の難易度を問わず学習する意欲が見られる。Sへのインタビューからも、ネパール語・英語・日本語以外にできる言語があることも少なくないことがわかっており、その言語を勉強した理由について、「仕事の

ため」「留学したかった」と述べていた。

　また、T1によると、最近では、中国からの観光客が多いことや奨学金などの支援が充実していることから、中国への留学を考える人も増加してきていて、それに伴って、中国語を勉強できる機関も増えているようである。

　TやSへのインタビューからネパール人は英語を重視しているが、逆に英語ができなければネパール国内でよい進学先や就職先は望めなくなってしまうこと、そこからネパール国外で進学先や就職先を探すために、難易度にかかわらず他の言語を習得しようとする姿勢が明らかになった。

3.6.2　留学に対する考え

　T3が「ネパールの都市部で生活している若者は留学に失敗した者が多いのではないか」と言うほど、ネパールの若者の多くが留学したいと考えていることが調査からわかった。

　T1によると、現在、ネパールからの留学先として最も多いのはオーストラリア、次に日本、インドが続いているが、どこに留学するにしても将来的なことを考えて、留学しているという。留学の目的として挙げられた回答は2つある。1つ目は80％の留学生は外国に移り住むため、残り20％の留学生はネパールに帰ってきて、ビジネス等何かをするための知識を得るためである。2つ目は大学の卒業証明書を取得するためである。

　T1によれば、ネパールでは、以前は高卒で就職する者も多かったが、最近は大卒で就職する人が増えてきていて、高卒ではよい就職先がない。しかし、その一方で、大学での進級にも1年ごとに試験が行われるが、その合格率は20％と言われており、ネパールで大卒の資格を取得するのは容易でない。つまり、ネパール国外のほうが、学位が取りやすく、その資格取得のために外国に行くのではないか、と T1は考えている。

ここから、ネパール国内の若者の留学に対する熱意がわかるが、その目的にはネパール以外の国に移り住むことや、進学先があること、学位の取得が挙げられた。

3.6.3　日本語教育機関の乱立

　ここでは、ネパール国内の日本語教育機関についてまとめる。

　T2によると、1956年に日本との国交が樹立し、1970年に初めてネパールに日本語教育機関ができた。1971年の国費留学生が最初の留学生で、そこから徐々に増え、現在に至っている。留学希望者の増加に合わせて日本語教育機関も激増しており、T2によると、現在、ネパール全土で600の日本語教育機関がある。これには、おそらく日本語コースのみの学校だけでなく、他の言語も教えている学校が設立している日本語コースも含まれていると考えられるが、正確な確認はとれなかった。また、T1によると、現在は言語の教育機関の設立や新しいコースの設立に政府の許可が必要になり、日本語教育機関は激減したという。

写真1　カトマンズの学生街

　しかし、その一方で、実際に歩いて調査したところ、首都カトマンズ内のPutali Sadak の交差点を軸に東西に1キロメートルほどの学生街の道沿いにある日本語教育機関の看板の数を数えると53あった。写真1はその道沿いにある建物である。○印は言語を扱う教育機関である。この写真から1つの建物にいくつも言語の教育機関が入っていることがわかるが、このような建物

がこの道沿いの両側にいくつも建っている状況である。同じ道沿いの英語教育機関は77であったが、英語は多くの国に留学できる可能性がある。それに対して、日本語は日本にしか留学できる選択肢がないのにもかかわらず、日本語教育機関は50以上もある。しかし、その一方で独立行政法人国際交流基金の海外事務所はネパールには置かれていない。ネパールで教師研修等が開かれる際には、隣国であるインドの国際交流基金ニューデリー日本文化センターから派遣されてくるのである。また、JICA（独立行政法人国際協力機構）はカトマンズに事務所を置いているものの、日本語の隊員は送っておらず、農業支援等を行っているのみという状況である。このような状態でどこまでネパールの日本語教育の状況を担当者、さらに言えば日本側が把握できるかは疑問が残るところである。

　このように日本語教育機関が乱立した理由をT1、T2、T3に尋ねると、「日本での留学を終えてネパールに帰ってきた人が自分にできることを考えた結果だ」ということだった。ネパールには、日本からの帰国者にとって有利になる日系企業等の就職先がないことが日本語教育機関の乱立に拍車をかけている。

　ここでは、ネパール国内には日本語教育機関が異常なほど存在していることが明らかになった。次に、その日本語教育機関で学習する日本への留学を目指している受講生についてまとめる。

3.6.4　受講生

　日本に留学している学生は多くがclass 12（日本の高等学校第3学年）を卒業してすぐに来日している。T1によると、ネパールでは、高校卒業の資格に値する試験（Higher Secondary Education Board Examination 等）を受験し、結果が出るまでの約半年間の間に将来のことを考える人が多いとい

う。その結果、日本語や英語の教育機関に通い始め、留学を目指す学生が多いようだ。写真2は街中にある看板だが、先述したとおり、「＋2」とは日本の高等学校に当たる（ネパールの class 11、12）。○印は「高等学校を卒業した後、何をするのか」と学生に言語の教育機関が訴えているものである。

　その一方で、大学在学中もしくは就職した後、日本への留学を考える学生もいるため、ネパールにある多くの日本語教育機関の授業は大学や仕事の前後の朝や夜の1、2時間を使って受講できるような仕組みになっている。T1、T3の学校は6か月のコースで平日週5日、毎日1、2時間勉強して『みんなの日本語初級Ⅰ　第2版　本冊』を終わらせている。ネパールの日本語教育機関では一般的に『みんなの日本語』が広く使用されている。

　T3は英語圏への留学ができなかったから日本への留学を目指す者が多いと述べていたが、Sのインタビューでは日本を留学先に選んだ理由として、

写真2　街中の看板

インターネットで「ワンピース」や「NARUTO」などの日本のアニメを見た、日本製の電化製品から日本の技術力の高さを実感した、日本の文化が好きである、先に日本に留学している友人から「日本は頑張ったらその結果が認められる場所」等と聞いたなどが挙げられていることが明らかになった。もちろん、オーストラリアへの留学が

ダメだったからという理由も聞かれたが、その一方で、日本以外の国では人種差別を受けたり、治安が悪かったりするからという人もいた。在日のSやT1、T3からは、ネパール人の顔や話し方は日本人と似ているという声もあり、口コミでの情報網が発達しているネパールでは、そういった理由から知り合い同士で日本への留学を勧めていることもあるのではないかと推察される。

このように日本への留学を夢見ていても、日本に留学できるかどうかは日本語の勉強量や出席率では決まらないため、確約が得られず、どうしても日本語の学習に身が入らない学生もいる。そういった学生は以前よりも増えたとT1やT3は感じている。

ここでは、ネパール国内の日本語教育機関で学習している受講生についてまとめた。先述したネパールの教育（3.5.4）や宿題（3.5.5）では、試験に向けて補習を受けたり、家庭教師を呼んだりして授業外でも勉強したり、毎日何時間も宿題に取り組んでいたりするように、教育に対して熱心な姿勢が明らかになった。その一方で日本語を学習する様子はそれとは相反することが明らかになった。その理由として、いくら熱心に学習しても、来日できるための安心材料がないことが挙げられた。

3.7　結果：日本を留学先に選択する理由

最後に、日本を留学先に選択する理由として学歴、英語の能力、金銭面を観点にまとめ、それ以外の理由はその他にまとめる。

（1）学歴

ネパールで大学卒業の学歴を取得するには、進級のたびに入学金を支払う必要がある等、本人の努力と必ずしも結びついているわけではないのに対

し、日本では、本人の努力次第で取得することが可能であること、また、ネパールの高等学校の卒業に値する試験（Higher Secondary Education Board Examination 等）に合格している必要はあるが、その試験の得点がさほど求められていないことが考えられる。オーストラリア等の英語圏への留学はその試験の得点が求められており、日本へ留学するのに比べると難易度が高くなってしまうため、その試験の得点に自信のない者が日本への留学を希望している。

（2）英語の能力

ネパール国内で留学先として一番人気が高いオーストラリアではよい大学や就職先に入るには英語が必須条件であるのに対し、日本への留学や日本での生活に英語はほとんど求められていない。そのため、英語が得意でなくても、留学できる。さらには、留学した後も英語ができないことがマイナスに働くことがない。このことから、英語があまり得意でない者が日本への留学を希望している。

（3）金銭面

ネパールでは学歴を求めるためには、収入に見合わない出費になることがあるのに対し、日本では留学生であっても制限はあるもののアルバイトをすることが可能である。実際にネパール人留学生のほとんどが来日する際に発生したネパールでの借金や日本の生活費をアルバイトで得た給与で賄っている。

しかし、その一方でT1によると、ネパールの慣習として、学生のときには家業を手伝う以外の労働は稀有で、「学業とアルバイトを両立させる」という経験をネパールで積むことは難しい。そのため、来日してからその両立に悩まされたり、授業に専念できなかったり、体調を崩す等の問題が起きる

と推察される。

（4）その他

　上記以外に調査からわかった来日の理由を以下にまとめる。

　まず、日本の治安の良さやネパール人自身が「顔や話し方が日本人と似ている」と実感できることが挙げられる。さらに、T3によると、ネパールには昔から出稼ぎの文化が存在するため、家族が離れて暮らすことにさほど大きな抵抗はない。この2点が日本を留学先に選択する理由として挙げられる。その一方で、T1によると、日本語の習熟度等の問題からネパールから直接日本国内の大学に入学することは不可能に近く、来日してからまず日本語学校に2年間通う必要があることから、それを時間の無駄と考え日本を選ばない者もいるという。

　ネパール人日本語学習者と日本語教師の認識を合わせなければならないこととして、試験を行うことの意味がネパールとは大きく異なることが挙げられる。ネパールでは、クラス全員が合格点に達していることが求められるが、日本では、試験は一個人の学習到達度を測るためのものとして一般的に考えられており、得点に重きを置いていない。カンニングについても日本では実際に答えを写したかどうかではなく、その行動自体が信頼を損ねるものだということを理解してもらう必要があると感じる。

　今回の調査から、ネパール人にとって、日本への留学はさまざまな点で魅力的に感じていることがわかった。

　現在、ネパールから来日するための在留資格として最も多いのは「留学」である。ビザの交付率があまりよくない状況が続いていても、ネパール国内の日本語学習者は増え続けている。その上、T2、T3によると、現在ネパールでは「技能実習生」として来日できるように話が進んでいるという。また、ネパールは新しい在留資格である「特定技能[4]」の対象国でもあるた

め、今後もネパール人日本語学習者は増加し続けると予想される。そのた
め、今まであまり考慮されてこなかったネパール人日本語学習者のための日
本語を学習するための環境を整える必要性がある。

---

4) 外務省によると、特定技能とは、「人材の確保が困難な一部の産業分野等における
人手不足に対応するため、一定の専門性・技能を有し即戦力となる外国人材を労働者
として受け入れる新たな在留資格」のことである。2019年4月に新設され、14職種に
限定されている。(https://www.mofa.go.jp/mofaj/ca/fna/ssw/jp/)

第4章　調査2：ネパール人日本語学習者の特徴2

4.1　はじめに

　前章では、日本在住のネパール人日本語学習者およびネパール在住のネパール人日本語学習者、さらにはネパール国内で日本語を指導している日本語教師にインタビューをすることによって、ネパール人日本語学習者が来日してくる背景について明らかにした。

　本章では、そのネパール人日本語学習者が実際に使用している教材に焦点を当て、現状に問題はないのか、問題があるとしたらどのような点なのか探っていく。先述したとおり、日本国内にもネパール人日本語学習者は増えているが、ネパール語訳が付いている日本語教材はほとんどない等、日本国内でネパール人日本語学習者を対象にしている日本語教材は大変少ない。では、ネパール人日本語学習者は教材にどのような要素を求めるのか、また現状に大きな問題はないのだろうか。ネパール人日本語教師とネパール人日本語学習者に聞き取り調査を行ったうえで、ネパール国内にある日本語教材はどの程度その希望を網羅できているのかの分析を行った。分析に用いた教材はネパール国内の日本語学校で最も多く採用されている『みんなの日本語初級Ⅰ　第2版　本冊』と『みんなの日本語初級Ⅱ　第2版　本冊』（以下、『みんなの日本語　本冊』とする）の補助教材である『みんなの日本語初級Ⅰ　第2版　ネパール語語彙訳』と『みんなの日本語初級Ⅱ　第2版　ネ

パール語語彙訳』（以下、『みんなの日本語　ネパール語語彙訳』とする）、ネパール国内で発行された『分類別　語彙』である。

　以下、2節では日本国内にいるネパール人日本語学習者がどのような特徴や教育的背景を持って来日してくるかに加えて、日本語学習をするための教材についての先行研究をまとめる。3節では、聞き取り調査の詳細を説明し、4節ではその結果から教材の分析を行う。5節では分析の考察をまとめ、6節では全体のまとめを行う。

4.2　先行研究

　この節では、ネパール人日本語学習者に関して、その特徴と教育的背景についての先行研究と日本語学習のための教材に関する先行研究をまとめる。

4.2.1　ネパール人日本語学習者について

4.2.1.1　ネパール人日本語学習者の特徴

　岩切（2015）では、勤めている日本語学校に在籍しているネパール人学生を「勉強しない（できない）」（p.86）と述べており、「教師は日本語を教えることよりもいかに黙らせるか、日本語の学習意欲が低い上、基本的な勉強の仕方自体が教師の考えているそれと大きく異なっている」（p.87）と教師としての苦労をもって、ネパール人学生の日本語学校での授業態度を問題提起している。

　嘉手川（2016）は、沖縄県の日本語学校に在籍しているネパール人学習者について述べている。それによると、ネパール人学習者は日本での滞在期間が長くなるにつれ、日本語への学習意欲が高まっていることが明らかになったとしている。その一方で、悪徳な仲介業者によって騙されて来沖し、学習

意欲の低いネパール人学習者や就労目的のネパール人学習者がアルバイト中
心の生活を送っていて、日本語の授業どころではない劣悪な環境があること
も判明したとも述べている。

　浜田（2014）は、在ネパール日本国大使館の立場から、日本留学の現状と
問題点として、日本への留学を希望するネパール人学生は、日本という国に
ついての知識が決して高いわけではないこと、留学斡旋機関の中には「日本
語ができなくても留学できる」のような甘い言葉で勧誘する機関もあること
を挙げている。

　こうしたことからもわかるように、来日するネパール人日本語学習者全員
が学習意欲が低かったり、騙されたりしているわけではないことはもちろん
である。しかし、日本へ送る側では「あまり日本語ができなくても問題な
い」とされている環境があるため、そこから来日した際に「学習意欲が低く
授業態度が悪い」と受け入れる日本側でそのように感じられても、学習者の
態度として一貫していると言えなくはない。また、ネパール側と日本側でネ
パール人日本語学習者に対して同じ問題意識を持っていることもわかる。

　確かに筆者の経験から考えても授業態度が悪い学生がいることは否定でき
ないが、それはネパール以外の他の国から来日した学生にも当てはまること
である。さらに、このように授業態度が悪い理由として、先行研究で言われ
ているように、日本はどのような国なのか、留学するとどのようなことをし
なければならないかということが、よくわからないまま来日していることも
その原因の 1 つである可能性はあるが、決してそれが全てであるとは言えな
い。岩切（2015）では「授業内にいかに黙らせるか」とあるが、今回のイン
タビュー調査で「授業中にわからないことがあったときは先生や友達に聞い
た」と回答している調査協力者がいることからも、授業内に飛び交うネパー
ル語が雑談ではない可能性も考えられる。つまり、ネパール人日本語学習者
にとって、ネパール語訳の付いている日本語教材で学習できず、日本語を学

習する環境として整っていないことも授業に集中しきれない理由として検討する必要があるのではないか、ということである。ネパール人日本語学習者が必ずしも学習意欲が低く、授業に取り組まないわけではないことから、学習環境の不備も影響の一つだと推察される。

4.2.1.2　ネパール人日本語学習者の教育的背景

　ネパールから日本に留学できる条件として、日本の高等学校に相当する学校からの卒業が求められる。また、引田（2019b）では、ネパールでも小学校から大学まで日本と同様、公立学校と私立学校があるが、そこの違いは英語教育にあるとしている。ネパール語以外の科目を全て英語で行っている私立学校に対して、公立学校は英語以外の授業をネパール語で行っている。このような違いがあることから、ネパールの児童生徒の英語の実力にはかなり差があるといえよう。私立学校を卒業した裕福な家庭の子どもが英語圏への留学を目指すのに対し、日本への留学を目指すのは、英語圏への留学に失敗したり、そこまで裕福ではない家庭、そもそも英語が得意ではない公立学校を卒業した人が多いことがわかっている。

　また、ネパール国内の日本語教育について、引田（2019b）では、ネパールの日本語教育機関では広く『みんなの日本語初級Ⅰ　第2版　本冊』が教材として採用されているのに併せて、補助教材には『みんなの日本語初級Ⅰ　第2版　翻訳・文法解説英語版』（以下、『英語版』とする）が使用されていると報告している。

　しかしながら、日本語を学習しているネパール人日本語学習者は先述したとおり、必ずしも英語ができるわけではない。それにもかかわらず、使用教材は『英語版』で問題はないのだろうか。これについては今回のインタビュー調査で調査する必要がある。

4.2.2　日本語教育教材に関する先行研究

　丸山（2008）では、『みんなの日本語』の『翻訳・文法解説』について、「その使用を指導の前提としているが、総教材を含めたこれらによって、学習者の学習項目の機能などの理解を容易にすると同時に、教師に各指導項目導入時、現実に使われる状況の設定や学習者がそれを使う状況の設定を求めないものとした」（p.13）と説明している。ほかにも『翻訳・文法解説』には、学習者の関心に沿った語彙を取捨選択できるためにある『参考語彙』や日本事情教育も視野に入れた意欲的な内容の『参考語彙と情報』があり、結果として盛りだくさんになっている、と述べている。

　確かに、これらの情報が学習者にとって理解しやすく、読むのに苦でない言語で書かれていれば、積極的に自習等で読み進めていく可能性も考えられる。しかし、ネパール人日本語学習者にとって、言葉や表現を理解するのに活用できるのが『英語版』しかないというのは、学習意欲を阻害するものとして考えてもよいのではないだろうか。

　では、ネパール語訳の付いている日本語教材はないのだろうか。たとえば、大谷書店という福岡県の日本語教材を扱う会社では、「翻訳言語別教材リスト[5]」として中国人学習者向けやベトナム人学習者向けのように全部で22か国の出身者別に「書籍リスト＆ダウンロード教材」を公開している。そこで公開されている書籍の数を項目ごとに表 5 にまとめる。項目は「書籍リスト＆ダウンロード教材」で使用されている名称である。

　表 5 からわかるようにネパール語訳のついた教材は非常に少ないといえる。日本国内の日本語学習者としては、ネパール人日本語学習者よりもミャ

5）「翻訳言語別教材リスト」(http://otanishoten.jp/honyaku.html　2022年 9 月30日閲覧)

表5　言語別教材の書籍数

	ネパール	中国	ベトナム	ミャンマー
中国人向けテキスト（初級～上級）	—	11	—	—
ひらがな・カタカナ・漢字教材	0	20	33	0
日本事情	0	4	2	0
初級＆初中級 （メインテキスト＆副教材）	4	79	58	6
初級＆初中級（日本語能力試験対策）	1	32	48	2
中・上級（メインテキスト＆副教材）	1	49	30	0
中・上級（日本語能力試験対策）	1	140	89	1
日本留学試験（日本語）＆面接	0	11	4	0
日本留学試験（総合科目）	0	2	1	0
日本留学試験 （数学コース1／数学コース2／理科）	0	15	4	0
大学（理系）	0	3	1	0
探求・活動型	0	2	2	0
ビジネス日本語・就活	0	30	14	0
研修生用教材【初級・中級】	0	12	9	3
介護・看護関係	1	5	22	3
初等・中等教育機関向け初級教材	0	12	2	0
辞典	0	6	8	5
生活全般	0	5	5	0
教師用	0	2	5	0
合計	8	440	337	20

出典：大谷書店「翻訳言語別教材リスト」より筆者作成。

ンマー出身の日本語学習者のほうが日本国内には少ない。それにもかかわらず、ネパール人日本語学習者向けの教材はミャンマー人向けの教材よりも少ないのである。教材が少ないのと同様に、これらに関する研究も管見の限りないため、今回併せて調査・分析を行う。また、『みんなの日本語　ネパール語語彙訳』は『みんなの日本語　本冊』に準拠している語彙集であるが、ネパール人日本語教師が作成し、ネパール国内で2013年に発行された語彙集『分類別　語彙』についても比較のため調査・分析を行う。

4.3　調査内容

　この節では、教材に関する聞き取り調査についてその調査協力者や調査内容を詳細に説明する。

4.3.1　調査協力者

　調査協力者は、ネパール国内で日本語を指導しているネパール人日本語教師 2 名（NPT1、NPT2）とネパール人日本語学習者 3 名（NPS1、NPS2、NPS3）である。教師 2 名のうち 1 名（NPT2／NPS1）には学生当時の経験と教師になってから経験と両方の視点から話をしてもらった。詳細は表 6 にまとめる。

　なお、日本語能力に関しては、それぞれ取得しているレベルを記載したが、個人の会話の能力を表すわけではない。

4.3.2　調査内容

　先述した調査協力者に対して、日本語教師には日本語を指導している経験

表6　調査協力者の詳細

No.	NPT1	NPT2/NPS1	NPS2	NPS3
年齢	—	28	28	32
出身地	バクタプル (Bhaktapur)	オカルドゥンガ (Okhaldhunga)	パタン (Patan)	チトワン (Chitwan)
ネパールでの 学歴	小学校～大学 （私立）	小学校～高校 （公立）	小学校～大学 （私立）	小学校～大学 （公立）
ネパールでの 職歴	日本語教師 （15年）	塗装（計1年） 日本語教師 （2年）	なし	小学校教師 （2年）
日本での学歴	なし	日本語学校 →専門学校	日本語学校 →大学	日本語学校 →専門学校
日本語能力	N2	N3	N3	なし

から、ネパール人日本語学習者にはネパールおよび日本国内での日本語学習経験から、日本語を学習するための教材についてインタビュー調査を行った。調査は全て日本語で行った。

　その後、ネパールで発行されている『分類別　語彙』とネパール国内で日本語学習するための教材として最も採用されている『みんなの日本語　本冊』の補助教材である『みんなの日本語　ネパール語語彙訳』についてどのような特徴があるかだけでなく、ネパール人日本語学習者からの視点で見て、どのくらい希望に沿っているものなのか、分析を行いまとめた。

4.4　調査結果

　この節では、『みんなの日本語　ネパール語語彙訳』と『分類別　語彙』の特徴とインタビュー調査を行った結果についてまとめる。

4.4.1 『みんなの日本語　ネパール語語彙訳』の特徴と問題点

『みんなの日本語　ネパール語語彙訳』の特徴と問題点について述べる。

4.4.1.1 特徴

スリーエーネットワークによると、現在、『みんなの日本語　初級Ⅰ・Ⅱ
第2版　本冊』に準拠する『みんなの日本語初級Ⅰ・Ⅱ　第2版　翻訳・文
法解説』（以下、『翻訳・文法解説』とする）は、以下の13か国語、14種類が
発行されている。

・英語版
・ローマ字版（英語）
・韓国語版
・中国語版
・スペイン語版
・ポルトガル語版
・フランス語版
・タイ語版
・インドネシア語版
・ロシア語版
・ドイツ語版
・ベトナム語版
・イタリア語版
・ビルマ語版

また、この『翻訳・文法解説』の各課の構成は、

1．『本冊』のことば（新出語、会話語彙、表現）

2．『本冊』の文型、例文、会話の翻訳

3．その課の学習に役立つ参考語彙と日本事情に関する情報（各言語）

4．文型および表現に関する文法説明（各言語）

となっている。

　新出語彙の説明はもちろん、文法事項の説明も全て各言語で書かれている
ため、学習者自身が持っている『みんなの日本語　本冊』と合わせれば、独
学で日本語学習を進めていくことも不可能ではない。

　それに対して、『みんなの日本語初級Ⅰ・Ⅱ　第2版　語彙訳』（以下、
『語彙訳』とする）はスリーエーネットワークによると、『みんなの日本語
翻訳・文法解説』の「現在発行予定のない言語について、語彙訳を内部資料
としてまとめた」ものである。小冊子で、制作実費を支払えば購入すること
が可能である。内容は各課の語彙部分、はじめの「日本語の特徴」、「日本語
の文字」、「日本語の発音」、「教室のことば」、「毎日のあいさつと会話表現」
の翻訳である。この『語彙訳』はネパール語をはじめ、ビルマ語、シンハラ
語、中国語繁体字、アラビア語、ペルシア語、アルバニア語、アゼルバイ
ジャン語、モンゴル語、ウズベク語、ベンガル語、セルビア語、クロアチア
語が制作されている。

　ビルマ語は『語彙訳』だけでなく『翻訳・文法解説』も発行されているこ
とから、ネパール語も今後『翻訳・文法解説』が発行されるかもしれないと
いう希望が持てないわけではない。また、それ以上に英語がわからないネ
パール人日本語学習者にとって、母語であるネパール語の『語彙訳』があれ
ば新出語彙の翻訳は掲載されているため、いくら文法解説や日本事情がない
としても「ないよりはまし」であると推察される。ネパールで日本を留学先
に選択する人はネパール国内において英語が苦手な人、さらに言えば英語が
できない人が圧倒的に多いのである。

しかし、この『語彙訳』には問題点もあることは容易に想像できる。その問題点について、次にまとめる。

4.4.1.2　問題点

『語彙訳』は先述したとおり、1課の前にある日本語に関するいくつかの説明を除けば、各課の新出語彙の翻訳しかないため、『みんなの日本語　本冊』を持っていたとしても、『翻訳・文法解説』とは異なり独学で日本語の学習を進めていくことは不可能に近い。

しかも、この『みんなの日本語　ネパール語語彙訳』はスリーエーネットワークのホームページからネット購入することが可能であるが、最大の問題点は、日本国内への発送しか行っていないことである。この『みんなの日本語　ネパール語語彙訳』は第1刷が2015年に発行されているが、2018年時点では、ネパール国内にいる日本語教師には知られておらず、やはりネパール国内では役立てられていないことがわかった。

では、ネパール国内の日本語教材にはどのようなものがあるのか。すでにネパールで発行されている教材を例に挙げて観察していく。

4.4.2　『分類別　語彙』の特徴と問題点

『分類別　語彙』の特徴と問題点についてまとめる。

4.4.2.1　特徴

2013年に『分類別　語彙』といういわゆる語彙集がネパールで発行された。この『分類別　語彙』の著者はネパールの日本語教育の先駆けとして1974年ごろに設立された日本語学校の1つであるスタンダード日本語学校で後に校長を務めたヘラカジ・シャキャ（Hera Kaji Shakya）である。ネパー

ルで日本語教育に20年間携わっていたことが、この語彙集の出版のきっかけ
となっている。

　著者によると、この『分類別　語彙』は主に技能実習生に役立ててもらう
ために、N5からN3の語彙をまとめたもので、国際交流基金より出版助成も
受けている。つまり、留学生のように日本語の学習機会がなくても日本語の
学習が進められるように考えられているということになる。

　以下に、『分類別　語彙』の表紙（図3）と本文中のページ（図4）を転
載する。なお、写真掲載について著者の許諾を得ている。

　実際に内容を確認していくと、『分類別　語彙』は253ページにわたって、
全4567語、134種類の表現、75文が収録されていた。その内訳を目次に沿っ

図3　『分類別　語彙』の表紙

136

83.びょういんで つかうことば（病院で使う言葉）अस्पतालमा प्रयोग हुने शब्द Use in Hospital words

日本語	ネパール語	English
いしゃ / 医者	डाक्टर	Doctor
うけつけ / 受付	सोधपुछ	Reception desk
かいけい / 会計	लेखा शाखा	Accounting section
かんごふ / 看護婦	धाई, नर्स	Nurse
かんじゃ / 患者	बिरामी	Patient
けんこうほけんしょう / 健康保険証	स्वास्थ्य बीमा कार्ड	Health insurance card
けんさ / 検査	जाँच, परीक्षण	Test, examination
さいけつ / 採血	जाँचका लागि रगतको नमुना	Take a blood sample
しゅじゅつ / 手術	चिरफार	Operation
しょしん / 初診	पहिलो चोटीको जाँच	first-time visit
しんさつけん / 診察券	डाक्टरसँग परामर्श गर्ने कार्ड	Consultation card
しんさつしつ / 診察室	परामर्श गर्ने कोठा	Consultation room
たいいん / 退院	डिस्चार्ज	Leave the hospital
ちゅうしゃ / 注射	इन्जेक्सन	Injection
つういん / 通院	उपचारको लागि अस्पतालमा जानु	A hospital for treatment
にゅういん / 入院	भर्ना हुनु	Be hospitalized
にょうけんさ / 尿検査	पिसाब जाँच	Urinalysis

137

日本語	ネパール語	English
まちあいしつ / 待合室	पर्खने कोठा	Waiting room
やっきょく / 薬局	औषधि पसल	Dispensary
レントゲン	एक्सरे	X-rays
げか / 外科	चिकित्सा	Surgery
きりきず / 切り傷	काटेको घाउ	A cut
こしがいたい / 腰が痛い	कम्मर दुख्नु	Have a pain in one's lower back
こっせつする / 骨折する	हाड भाँचिनु	Break a bone
さしきず / 刺し傷	घोचेको घाउ	A stab wound
つきゆびする / 突き指する	औंला मर्किनु	Sprain one's finger
ねんざする	मर्किनु	Sprain ,twist
ひふか / 皮膚科	छाला	Skin
おでき	फोडा, घाउ	Boil,an abscess
しっしん / 湿疹	दाद, लुतो आदि	Eczema
じんましん	मिस्सिले पारेको जस्ती फोका, टाटो	A nettle rash
ひふがかゆい / 皮膚がかゆい	छाला चिलाउने	Have itchy skin
ふきでもの	फुट्ने	An eruption
やけどする	पोलेको	Burn,scald
がんか / 眼科	आँखा	Ophthalmologt
きんがん / 近眼	टाढाको चिज नदेख्ने, निकटदर्शी	nearsighted
めがかすむ / 目がかすむ	आँखा धमिलो हुनु	One's eyesight is dim
めがじゅうけつする / 目が充血する	आँखा राती हुनु	One's eyes are bloodshot

図 4　『分類別　語彙』の本文

て、単語の数、表現の数、文の数をまとめていく。

　表現と文の違いについて、ここでは、「文」は句点がついている表現や 3 文節以上から成っている表現を指し、それ以外の 2 文節以下の表現を「表現」と分類した。目次の名称は誤字脱字を含めて、原文のまま記した。

　表 7 からわかるように、125 もの章からなり、4500 以上の語を有する『分類別　語彙』はかなり多くの情報がある語彙集である。しかも、「59. 入管で使う言葉」や「64. 駅と車内で使う言葉」、「67. ごみ収集日」、「83. 病院で使う言葉」等、ネパールでの生活からは想像できないような言葉や緊急を要する際にも使用できるよう、それにまつわる言葉が収録されており、来日したばかりでも困らないように配慮されていることがわかる。

表7 『分類別　語彙』内訳

No.	目次名	単語	表現	文
1	あいさつ（挨拶）	6	32	2
2	ぎもんし（疑問視）	10	1	0
3	だいめいし（代名詞）	19	0	0
4	しじし（指示し）	28	0	0
5	くに・ひと・ことば（国・人・言葉）	72	0	0
6	かぞくのなまえ（家族の名前）	20	0	0
7	いろいろなみせ（色々な店）	38	0	0
8	しんしふくとふじんふく（紳士服と婦人服）	99	0	0
9	そうしょくひん・ほうせき（装飾品・宝石）	39	0	0
10	さいほう（裁縫）	21	0	0
11	ふどうさんや（不動産屋）	26	0	0
12	いえ（家）	32	0	0
13	だいどころ（台所）	27	0	0
14	ちょうりほうほう（調理方法）	9	0	0
15	スパイス	38	0	0
16	あじ（味）	8	0	0
17	いろ（色）	14	0	0
18	よくしつ（浴室）	35	0	0
19	いま（居間）	15	0	0
20	ようま（洋間）	17	0	0
21	しんしつ（寝室）	23	0	0
22	レストラン	21	5	7
23	わしょく（和食）	44	0	0
24	のみもの（飲み物）	36	0	0
25	まちのなか（町の中）	25	0	0
26	スーパーマーケット	13	0	0
27	びよういん・りはつてん（美容院・理髪店）	15	3	8
28	しょくりょうひん（食料品）	61	1	0
29	やさい（野菜）	50	0	0
30	くだもの（果物）	29	0	0

31	にく（肉）	11	0	0
32	さかな（魚）	27	0	0
33	しんせき・ゆうじん　友人・親戚）	55	0	0
34	がっき（楽器）	25	0	0
35	おんがく（音楽）	10	0	0
36	えいが（映画）	9	0	0
37	げきじょう（劇場）	20	0	0
38	スポーツ	52	0	0
39	やきゅう（野球）	40	0	0
40	しゅくさいじつ『祝祭日』	21	0	0
41	にほんのいちねん（日本の一年）	11	0	0
42	にほんのぶんか（日本の文化）	12	0	0
43	ごらく・あそび（娯楽・遊び）	22	0	0
44	おんせん（温泉）	14	0	0
45	かず（数）	25	0	0
46	たんい・せん・かたち・もよう（単位・線・形・模様）	45	0	0
47	だいすうとさんすう	9	0	0
48	きかがくとさんかくほう（幾何学と三角法）	30	0	0
49	色々な物の数え方に関する	141	0	0
50	こうぐ（工具）	22	0	0
51	うちゅう（宇宙）	26	0	0
52	せかいちり（世界地理）	63	0	0
53	ちけい（地形）	26	0	0
54	やくしょ（役所）	40	0	0
55	せいじ（政治）	21	0	0
56	がっこう（学校）	23	0	0
57	がっこうにつかうもの（学校に使う物）	31	0	0
58	がっこうのじっけんしつ（学校の実験室）	30	0	0
59	にゅうかんでつかうことば（入管で使う言葉）	18	0	0
60	せんもん（専門）	36	0	0
61	しょう（省）	17	0	0
62	IT ことば（言葉）	54	0	0

63	のりもの（乗り物）	34	0	0
64	えきとしゃないでつかうことば（駅と車内で使う言葉）	42	0	5
65	どうろ・こうつう（道路・交通）	39	0	0
66	じんせいのできごと（人生の出来事）	21	0	0
67	ごみしゅうしゅうび（ごみ収集日）	25	0	0
68	さどう（茶道）	10	0	0
69	しょどう（書道）	10	0	0
70	かどう（華道）	3	0	0
71	てんき（天気）	32	0	0
72	さいがい（災害）	19	0	0
73	どうぶつ（動物）	34	0	0
74	のうぎょう（農業）	19	0	0
75	しょくぶつ（植物）	62	0	0
76	とり（鳥）	42	0	0
77	むし（虫）・はちゅうるい（爬虫類）・りょうせいるい（両生類）	49	0	0
78	にんげんのかお（人間の顔）	30	0	0
79	からだ・しんたい（体・身体）	32	0	0
80	ほね、こっかく（骨、骨格）	6	0	0
81	ないぞう（内臓）	13	0	0
82	びょうき（病気）	65	0	0
83	びょういんでつかうことば（病院で使う言葉）	38	44	0
84	くすり（薬）	20	0	0
85	ぎんこう（銀行）	57	4	0
86	こうぶつ（鉱物）	48	0	0
87	せいざ（正座）	12	0	0
88	こうくうこうつう（航空交通）	43	0	0
89	じどうしゃ（自動車）／くるま（車）	34	0	0
90	こうつうひょうしき（交通標識）	25	6	0
91	しゅうきょう（宗教）	29	0	0
92	ビジネス	41	0	0
93	ざいりょう（材料）	9	0	0
94	とき（時）	51	0	0

95	ひづけ（日付）	29	0	0
96	いーけいようし（形容詞）	254	0	0
97	な−形容詞	241	0	0
98	ぜんちし（前置詞）	33	0	0
99	ごだんどうし 5 段動詞	382	0	0
100	いちだんどうし（一段動詞）	180	0	0
101	れいがい（例外動詞）	39	0	0
102	じどうし・たどうし（自動詞・他動詞）	150	0	0
103	ふくし（副詞）	52	0	0
104	かんじょう（感情）	7	0	0
105	こうどう（行動）	18	1	0
106	おたがいのはたらき（お互いの働き）	11	0	0
107	はかい（破壊）	9	0	0
108	うごき（動き）	27	0	0
109	しょゆう（所有）	9	0	0
110	こえ（声）	7	4	0
111	くち（口）	8	1	0
112	かんかく（感覚）	8	0	0
113	じょうたい・ようす（状態・様子）	0	14	0
114	じこ・じけん（事故・事件）	16	0	0
115	ぎたいご（擬態語）・ぎおんご（擬音語）	1	15	0
116	つうしん（通信）ゆうびんきょく（郵便局）でんわきょく（電話局）ほうそうきょく（放送局）	66	0	0
117	きもち（気持ち）とかんじょう（感情）	16	0	0
118	どうとくてきな（道徳的な）ことがら	11	0	0
119	ものの特徴（とくちょう）	14	2	0
120	ろうどうしゃ（労働者）	8	0	0
121	ほんのいちぶ（本の一部）	12	0	0
122	りょこう（旅行）	32	0	0
123	じょし（助詞）	0	0	53
124	じゅうにし（十二支）	12	0	0
125	やくにたつかんじ（役に立つ漢字）	54	1	0

また、「9.　装飾品・宝石」や店で洋服を仕立ててもらうことが多いネパールならではと感じる「10.　裁縫」、食事に多く使われる「15.　スパイス」等もあり、ネパール人の生活や習慣にも配慮が見られる。そのため、たとえば来日してからネパールを知らない人にも紹介できるような作りになっている。

　しかし、その一方で「38.　スポーツ」、「39.　野球」とあるように、野球だけ章がわかれていたり、「94.　時」と「95.　日付」も同じような語が入るようなカテゴリーであるにもかかわらず章が別立てされている。さらに言えば、「104.　感情」と「117.　気持ちと感情」も2つに章立てされており、目次を見るだけで問題を多くはらんでいるであろうことがわかる。

　次に実際の内容を読み進めていくうえで観察された問題点を挙げていく。

4.4.2.2　問題点

　ここでは、『分類別　語彙』に見られた問題点を挙げていく。例の後ろにある（数字）は掲載されている章を指す。

〈体裁の問題点〉

・1つの語句がページを跨いで掲載されている。

　日本語の表記は基本的に漢字表記の上にルビがついているため2段になって表記されている。ページを跨ぐとルビと漢字表記が別々のページに入ってしまうため、漢字の読みがわからなくなってしまったり、ネパール語訳と英語訳はそれぞれ1つずつしか書いていないため、どちらかにネパール語訳や英語訳が入らなくなってしまったりして、わかりづらくなってしまっている。

・1つの章に太字の語句と細字の語句が混在している。

　太字と細字の違いが何を表しているか明記されておらず、その違いがわか

らない。ただ、印刷もネパールで行っているため、意図せずしてこのように
なってしまっている可能性もあるが、日本の出版物に慣れている者が見る
と、違和感を覚える。

　その他にも、漢字とひらがなで構成されている語のひらがなの部分にルビ
を付けているものと付けていないものが混在していたり、行の高さや字の大
きさにばらつきがある等、統一性が見られないという問題もある。また、2
つ目に挙げた文字の太さであるが、他にも印刷所の技術面の問題と思われる
ものも見られる。ページとページが裁断されていなかったり、印刷が斜めに
なっていて表の全体がページ内に入っておらず、見えない部分ができてし
まっているページもある。これも全ての本で同じような問題が起きているわ
けではなく、本によって問題が起きているページが異なったり、何も問題が
ない本があったりするため、確認は困難である。

〈掲載語句の問題点〉
・漢字に限らず、ルビや送り仮名も含め表記に誤りがある。
例）「2．疑問視」（目次）
・漢字語だけでなく、同じ意味のカタカナ語も掲載されている。
例）黄玉（9）とトパーズ（9）
・カタカナにひらがなのルビが付いている語句とそうでない語句が混在して
　いる。
・文の後に句点があるものとないものが混在している。
・略語で掲載されていることがある。
例）電信柱（65）と電柱（65、115）
・丁寧度にばらつきが見られる。
例）駄菓子屋さん（7）と八百屋（26）

・1つの章に2つのカテゴリーの語句が入っている。

例）「23. 和食」の後半に洋食に関する語句

・現在存在しない語句が掲載されている。

例）運輸省（61）

　以上のように、日本語を学習するうえで悪影響となる問題も多く含んでいることがわかった。さらに、この『分類別　語彙』は一般に販売されているわけではなく、著者のヘラカジ・シャキャが所属しているネパール日本語教師会（Japanese Language Teachers' Association Nepal 以下、JALTAN とする）に所属している教師に配布されただけとなっている。JALTAN とは、ネパールで日本語能力試験を行ったり、ネパールでの日本語普及のために日本の文化を紹介したりしている組織である。加盟するためには教師が日本語能力試験の N2 を持っていなければならない等、さまざまな条件があるためか、ネパール全土で無数にある日本語教育機関のうち、2022年9月10日現在で24校しか加盟しておらず、加盟校になるのは非常に狭き門である。

　ネパール人日本語学習者がこの『分類別　語彙』を使って学習するには、学習者を指導する教師がまず持っていなければならないわけであるが、JALTAN に加盟することさえ厳しいため、学習者自身がこの書籍を手にすることはかなりハードルが高いことがわかる。

4.4.3　聞き取り調査の結果

　この項では、調査協力者の今までの日本語学習教材やそれに対する思い、前項までで特徴等をまとめた2種類の教材に対する意見をまとめる。

4.4.3.1　ネパールで使用した教材について

　3 人がネパール国内で日本語を学習していたのは、2014～15 年の間であった。現在、最も多く教材として採用されているのは、『みんなの日本語初級 I　第 2 版　本冊』だが、その当時使用した教材も 1 人を除いて『みんなの日本語初級 I　第 2 版　本冊』であった。言葉については補助教材である『翻訳・文法解説』等はなく、『みんなの日本語初級 I　第 2 版　本冊』と板書で学習を進めた。『みんなの日本語』を使用しなかった NPS2 は教材を使用せず、板書をノートに取りながら先生の説明を聞くだけの授業であったようである。

　しかしながら、いずれも授業はネパール語で行われていたため、特に理解に苦しむようなことはないまま来日したと回答している。

4.4.3.2　日本で使用した教材

　来日後、日本語学校で在籍していた初級クラスでは 3 人とも『みんなの日本語初級 I　第 2 版　本冊』と併せて『翻訳・文法解説』を使用した。しかし、その『翻訳・文法解説』にネパール語は発行されていなかったため、『英語版』を使用していた。『みんなの日本語　ネパール語語彙訳』は第 1 刷が初級 I は 2015 年 2 月であるが、初級 II は 2015 年 9 月であるため、3 人の初級学習時（2014～15 年）はまだ発行されておらず、使用することができなかったと考えるのが妥当だろう。また、先述したとおり、この『みんなの日本語　ネパール語語彙訳』には語句の意味しか載っておらず、『翻訳・文法解説』の『英語版』や『みんなの日本語初級 I　第 2 版　翻訳・文法解説中国語版』には載っている文法の説明等が一切ないことも使用しなかった理由の 1 つとして考えられる。

　「『英語版』でわからないところはなかったか」と尋ねたところ、「文法の説明はわかった」（NPS1、2）、「わからないときは先生や友人に聞いてい

た」（NPS1、2、3）、「自習中はスマートフォンの辞書で調べていた」（NPS1、2、3）といった対処法をとっていたことがわかった。また、学習レベルが上がり、日本語能力試験のN3やN2の内容を学習する際にも文字語彙の学習テキストには中国語訳や英語訳しかなかったが、わからないときには先生に「やさしい日本語で教えてもらった」（NPS1）ため理解できたという回答もあった。その一方で、「特に漢字の言葉は英語だと難しくて理解できないこともあったからネパール語が欲しかった」（NPS2）という意見もあった。

　「初級学習時、ネパール語の翻訳が欲しかったか」という質問に対しては、「欲しかった」と3人ともが回答した。そのうえで『みんなの日本語 ネパール語語彙訳』を見せたところ、「私たちが勉強するときも欲しかった、理解しやすかったと思う」（NPS1、2、3）と感想を述べた。

　その一方で、「ネパール語の翻訳があれば、他に問題はないか」と尋ねたところ、「英語の翻訳も欲しい、日本語とネパール語と英語の3言語で書いて欲しい」（NPS1、2、3）との回答だったため、その理由を尋ねると、「難しいネパール語は見てもわからない」（NPS1）、「漢字の言葉等、抽象的な表現や難しいネパール語は読んでも理解できないから英語も欲しい」（NPS2）、「辞書で調べてもネパール語で正しく翻訳されない、調べるときも英語の意味とネパール語の意味を両方調べて初めて理解することもある」（NPS3）と回答しており、ネパール語は欲しいが、ネパール語だけではまだ理解に苦しむことがあることが明らかになった。詳細は後述する。

　そこで、3言語で表記されている『分類別　語彙』を見せ、尋ねたところ、「これがあったら勉強しやすかったと思う」（NPS1、2、3）と述べた。それは、「語の種類がたくさんあること」、「英語だけ、ネパール語だけでなく3言語あること」が理由として挙げられた。

4.4.3.3　日本語教師の視点

　ネパール国内では、2019年ごろからスリーエーネットワークの教材を印刷・販売する会社ができたようで『みんなの日本語　ネパール語語彙訳』をネパール国内でも使用することが可能になったという（NPT1）。日本国内では『みんなの日本語　ネパール語語彙訳』の第16刷が2019年に発行されているが、ネパール国内で使用されているのが最新のものであるかは定かではない。しかしながら、ネパール国内で使用されている『みんなの日本語　ネパール語語彙訳』はネパール語の訳に間違いが多すぎてかなり使いづらいという（NPT1、2）。また、翻訳には「難しいネパール語があるため、学習者には理解が難しく、改めて説明する必要があることもある」（NPT2）、「文法の説明は英語があれば、それをネパール語で説明するのは難しくないし、ネパール語にはない日本語があるから、英語での説明も必要である」（NPT2）と述べていた。

　『分類別　語彙』に関しては、「3 言語あるからわかりやすい」（NPT2）という意見がある一方で、「語彙集のようで、文法の説明が一切ないから学習者はこの 1 冊を持っていても活用できない、載っているネパール語が古い」（NPT1）という厳しい意見も聞かれた。

4.5　考察

4.5.1　相違点・互換性

　ここまで見てきた『みんなの日本語　ネパール語語彙訳』と『分類別　語彙』にはどれくらいの互換性があるのだろうか。表 8 にまとめる。『みんなの日本語　ネパール語語彙訳』の語は『みんなの日本語　本冊』の中にだけ出てくる固有名詞についてはカウントせず、一般的な語や日本の地名、建造

表8　『みんなの日本語 ネパール語語彙訳』に出現する『分類別 語彙』の出現割合

(単位：%)

課	割合	課	割合	課	割合	課	割合	課	割合
1課	54.1	11課	57.4	21課	35.3	31課	25.0	41課	43.3
2課	54.3	12課	66.7	22課	50.0	32課	43.9	42課	32.1
3課	51.0	13課	54.8	23課	82.6	33課	52.0	43課	64.0
4課	64.3	14課	60.0	24課	50.0	34課	48.0	44課	52.3
5課	77.0	15課	45.5	25課	17.6	35課	34.0	45課	14.3
6課	62.7	16課	63.8	26課	42.2	36課	32.5	46課	31.3
7課	56.5	17課	62.9	27課	37.2	37課	24.2	47課	35.3
8課	63.3	18課	40.0	28課	29.6	38課	24.6	48課	36.4
9課	35.2	19課	61.5	29課	55.8	39課	47.1	49課	8.8
10課	35.4	20課	50.0	30課	35.4	40課	30.6	50課	6.1

物等の固有名詞のみの割合を出した。

　『みんなの日本語初級Ⅰ』は日本語能力試験でいうところのN5レベル、『みんなの日本語初級Ⅱ』はN4レベルの日本語を学習するための教材であり、『分類別　語彙』は著者によると日本語能力試験のN5からN3の語を収録したとしている。しかし、表8を見ると、最高でも23課の82.6％であり、多くの課が50％前後である。全体を平均すると44.8％となり、カバー率はあまり高くないことから、『分類別　語彙』に収録されている語彙のレベル判定が曖昧であることがわかる。

　次に、『みんなの日本語　ネパール語語彙訳』と『分類別　語彙』の違いを見ていく。一番大きな違いは、動詞の扱い方である。『みんなの日本語ネパール語語彙訳』は動詞をⅠグループ、Ⅱグループ、Ⅲグループで分け、「ます形」で掲載しているが、『分類別　語彙』は「99.　5段動詞」、「100.　一段動詞」、「101.　例外動詞」を除くとグループ名やどんな活用をする動詞で

あるかが明記されていないだけでなく、全て「辞書形」で掲載されている。これでは、日本語教育機関でしっかりと日本語を学習した学生には問題ないかもしれないが、あまり学習しないまま来日してしまうと、「辞書形」で誰に対しても話すしかなくなってしまう。つまり、『分類別　語彙』の著者が想定している対象者である技能実習生が来日した後、日本人の上司に使ってしまえば失礼にあたり、叱責される可能性も大いに考えられる。

4.5.2　聞き取り調査から

調査協力者は3人とも、自分が日本語を学習してきたときにはネパール語訳の付いた教材を使用することができず、苦労してきたと感じていたと回答している。しかし、英語訳があればある程度までは理解できることもあるようだ。

また、ネパール人日本語学習者を対象とする教材を作成することを想定した場合、ネパール語だけでは理解に苦しむ部分があることもわかった。NPS1、2がしきりに言っていた「難しいネパール語はわからない」とは、「ネパール語の書き言葉」を指しているようで、話し言葉では使わない言葉がたくさん出てくるから、読んでもわからないことを意味していた。ネパールの私立の学校では、ネパール語以外の授業では学校内での会話も含めて英語で行われているため、ネパール語の書き言葉はほとんど勉強しないということだった（NPS2）。それに対し、公立の学校では、書き言葉については勉強するものの、辞書で調べても正しくネパール語に翻訳されないことも多くあるため、やはり理解が難しいということだった（NPS1、3）。現在のネパールでは英語教育が重視されているため、公立学校を卒業して英語を話すことができなくても読めばわかることもあるようだ。また、公立学校卒業のNPS1、3と私立学校卒業のNPS2の意見が大きく異なることもなく、「翻訳

には英語もネパール語も両方欲しい、3言語で書いて欲しい」という意見であったことから、英語もしくはネパール語だけではネパール人日本語学習者にとって、理解できる語や表現を狭めてしまうだけのような印象を受けた。

　また、日本語教師（NPT1、2）からは「ネパール語では説明できない日本語」や学習者が読んだだけでは理解できない「難しいネパール語」、「難しい英語」を改めて説明する必要性があるといった指導する際の苦労も聞かれた。つまり、『みんなの日本語　ネパール語語彙訳』や『分類別　語彙』を学習者だけでは活用できないということである。

4.6　まとめ

　本章では、ネパール人日本語学習者が学習するための教材として『みんなの日本語　ネパール語語彙訳』と『分類別　語彙』を観察したうえで、ネパール人日本語教師とネパール人日本語学習者へのインタビュー調査を行うことによって、ネパール人日本語学習者が日本語を学習する教材に求める事柄を明らかにした。ネパール人日本語学習者は増加しているにもかかわらず、教材が追いついておらず、学習環境が整っていないことを再認識する結果となった。

　これを解決するためには、

（1）ネパール国内で使用されている『みんなの日本語　ネパール語語彙訳』のネパール語訳の誤りを正す。

（2）すでにネパールにある『分類別　語彙』の誤りを正し、必要な語句を選定・追加して整備したうえで、教師だけでなく、学習者も使用できるようにする。

（3）既刊の教材に英語訳だけでなく、ネパール語訳をつけたうえで刊行する。

以上の3点が考えられる。

　現実的で、かつ早急に取り組めるのは（2）であるが、それにはまず今後掲載する語句を選定することが必要である。『分類別　語彙』に掲載されている語句のうち、来日してから日本語の会話をするうえで聞いたり話したりする可能性の高い語句を選定したり、必要な語句を追加することによって初級学習者でも使い勝手のよい語彙集にする必要がある。

　また、ネパール語そのものの語彙の構成状況についても知る必要があると感じた。筆者は東京外国語大学のオープンアカデミーでのネパール語の講座を含めて5年、ネパール語を学習したが、今後も引き続きネパール語そのものの研究も必要であると考えている。

第5章　ネパール語の史的音韻論

5.1　はじめに

　ネパール人日本語学習者はどのような学習者なのか。3章では、来日前に
ネパールで受けた教育や日本語教育からその背景をまとめ、特徴を明らかに
した。4章では、その日本語の学習に用いた教材について、従来の教材の不
足点を挙げ、ネパール人日本語学習者の教材に対する要望からその特徴をま
とめた。

　本章では、ネパール人日本語学習者が持つ言語的な特徴を明らかにしてい
きたい。ネパール人日本語学習者が話すネパール語とはどんな言語なのか。
ネパール人日本語教師・日本語学習者に行ったインタビュー調査では、ネ
パール人日本語学習者が日本語を学習する際に簡単に感じることでは、「ひ
らがな・カタカナ」という回答が得られた。その理由は「ひらがなとカタカ
ナはネパール語と同じだから」ということだったが、それはどういうことな
のだろうか。使用する文字が全く異なることは容易に想像がつくが、では何
が同じなのだろうか。まずネパール語がどのような言語なのか探り、そこか
らネパール語と日本語の類似点を明らかにしていく。

5.2 ネパール語について（1）：系統・文字・語彙

ネパール語がネパールで話されているのはもちろん、国外の地域でも話されている。ネパール語が話されている地域は、石井（1986）によると、「ブータン中南部やインドの北東部のシッキム、アッサム等で広く用いられ、共通語の地位を占めている」（p.ⅰ）と述べられている。それに対して、ネパールでのネパール語の位置づけは憲法では「国語」と制定されている。その一方で、民族の言語を母語に持つ人々にとっては、「共通語」として使用されている。ネパール語を母語にしている割合は、文献によって異なるが、だいたいネパール国内の人口の半数程度とされている。

また、ネパール人日本語学習者へのインタビュー調査から、ほかの民族の言語について文字表記を理解している人はほぼおらず、会話でしか用いられないことがわかった。それに対し、ネパール語は学校教育にも用いられていることから、学校教育を受けている人は会話だけでなく、文字表記や読解もできることがわかっている。日本に留学してくる人はネパールの12年の学校課程を修了していることから、ネパール語は全員ができると考えられる。そのネパール語について、ここでは掘り下げてみていく。

5.2.1 ネパール語の系統

石井（1998）によると、ネパール語は「印欧（インド・ヨーロッパ）語族のインド・アーリア語派のパハール諸語の東部パハール語群に分類される。ネパール語は、すぐ西隣りのインドのウッタル・プラデーシュ州北東部のクマーウン語、ガルワール語（中部パハール語群）と最も近い関係にあり、ヒンディー語やベンガル語とも同じ語派に属する。パハール諸語のまとまりや

系統については諸説あり、さらに検討を要する」と述べている。諸説あるとあるが、本書では、ネパール語はインド・ヨーロッパ語族のインド・アーリア語派のパハール諸語の東部パハール語群に分類されるとする。

5.2.2　ネパール語の文字

　ネパール語はデバナガリ文字を用いて表記される。文字の名称は文献によって表記が異なるが、本書は野津（2006）に倣ってデバナガリ文字に統一する。石井（1986）によると、このデバナガリ文字はヒンディー語とサンスクリット語と同じ文字を使用している。その一方で、石井（1998）によると、「単語を分かち書きする点はサンスクリット語と異なり、ヒンディー語に似るが、後者と異なり、後置詞はその前にくる単語に続けて書く方式がとられている」と述べている。つまり、サンスクリット語とヒンディー語と文字表記は同じであるものの、文の書き方は 3 言語で異なるということである。

5.2.3　ネパール語とヒンディー語の関係性

　上記では、ネパール語とヒンディー語が同じ語派に属しているとされている。用いている文字も同じデバナガリ文字である。さらに、ネパール人日本語学習者のほとんどがヒンディー語ができるとインタビュー調査で回答しているが、では、ネパール語とヒンディー語は酷似した言語と考えてよいのだろうか。もし、両言語が酷似しているのであれば、日本語教師は文献の少ないネパール語よりもヒンディー語の文献を参考にしたほうがネパール人日本語学習者のための指導が可能になるのではないかと考えられる。

5.2.3.1　ネパール語の語彙

　石井（1998）では、「14世紀以降には、ネパール山地部へ北インドのヒンドゥー教徒の流入もあり、ネパール語はその影響も及んでいる（中略）ネパール語はネパール王国のもとで行政や法手続きに用いられる言葉としても広まり、また標準化や辞書編纂の努力もなされてきた」としている。つまり、ネパール語は文字こそサンスクリット語やヒンディー語と同様にデバナガリ文字を使用しているものの、実際のことばはそれぞれと異なり、ネパールの言語として存在していることがわかる。さらに、語彙はさまざまな言語からの借用語も持つ。石井（1998）では、「ネパール語はサンスクリット語との関係を持つため、固有のネパール語の単語と借用語のほか、サンスクリット語の単語そのまま、あるいは時代を経て形は変わってもサンスクリット起源とわかる単語を、その語彙の中に多数持っている。新しい物や制度がサンスクリット語の単語（の組み合わせ）で呼ばれることもあり、また、借用語にはペルシア語、アラビア語起源のものも見られる。このような特徴は北インドの言葉と共通するが、西アジア起源の言葉の借用の度合いはヒンディー語より低い。英語からの借用は reḍiyo「ラジオ」、bas「バス」をはじめ多く、中には iskus「かぼちゃの一種、squash」のように一見借用語とは分からない形に変わっているものもある。」と述べられており、ネパール語の語には、ネパール語起源の語だけでなく、サンスクリット語起源のものや英語を起源としているもの、さらに他の言語を起源としたものがあることがわかる。

5.2.3.2　ヒンディー語との違い

　石井（1998）に対して、町田（1998）によると、ヒンディー語を「言語系統的にみると、インド・ヨーロッパ語族のインド語派に属する」としている。また、語彙については、「現代ヒンディー語の語彙は、語源が不明なも

のを除くと、インド語派の一貫した歴史的音韻変化を受けて今日の形態にいたった語彙と、借用語の2つに大きく分けられる。借用語の供給源は、サンスクリット語、他のインド語派諸語、ドラヴィダ諸語、ペルシア語、トルコ語、アラビア語、ポルトガル語、英語など多岐にわたっている。」と述べている。

　表記の方法についても、先述したとおり文の基本的な書き方はネパール語とサンスクリット語と似ているものの、細かく見れば、やはりそれらとは異なるということである。

　また、夜久（1976、1987）では、日本語とネパール語との例文を挙げ、似ていることを確認しているが、そこには併せてヒンディー語やほかの言語も挙げられており、日本語との比較に用いられている。以下には、夜久（1976）の例文を引用する。原文にあるとおり、ネパール語とヒンディー語はカタカナで書くことにする。また、下線と数字についても原文のままである。例文にある同じ数字の語は同じ意味を指している。

（1）日本語　　　　　私$_1$　の$_2$　名前$_3$　は$_4$　○○$_5$　です。$_6$
　　　ネパール語　　　メロ$_{1(2)}$　ナム$_{3(4)}$　○○$_5$　ホ$_6$
　　　ヒンディー語　　メラ$_{1(2)}$　ナム$_{3(4)}$　○○$_5$　ヘ$_6$

（2）日本語　　　　　あれ$_1$　は$_2$　誰$_3$　です$_4$　か。$_5$
　　　ネパール語　　　ウ$_1$　コ$_3$　ホ$_4$
　　　ヒンディー語　　アープ$_1$　コーン$_3$　ヘーン$_4$

（3）日本語　　　　仕事$_1$　を$_2$　し$_3$　なかった$_4$

　　　　　　　　　　人$_5$　には$_6$　お金$_7$　を$_8$　あげ$_9$　ない。$_{10}$

　　　ネパール語　　カヒン$_1$　ナ$_4$　ガレコ$_3$

　　　　　　　　　　マンチェ$_5$ライ$_6$　パイサ$_7$　ナ$_{10}$　ディネ$_9$

　　ヒンディー語　ジス　ネ　カーム$_1$　ナヒン$_4$　キャー$_3$

　　　　　　　　　　ウスコ$_5$　パイサー$_7$　ナヒン$_{10}$　データー$_9$

　上に3つの例を挙げた。文法的な語順についてはここで説明を割愛するが、ネパール語とヒンディー語では、同じ意味の語でも似ている語もあるが、まったく異なる語のほうが多いこともわかる。（2）に関しては一つも同じ語ではない。似ている語についてはサンスクリット語からの借用語であったり、活用によって変化が生じたと考えてもよいのではないだろうか。

　つまり、ネパール語とヒンディー語は同じ系統の同じ語派に属し、語彙についてはどちらもサンスクリット語からの借用語があるものの互いに影響を受けている様子は見られず、酷似しているとは言いがたい。したがって、ネパール語はネパール語として考えなければならないことがわかった。

5.3　ネパール語について（2）：文字と音

　次に、ネパール語の文字とその発音について、石井（1986）と野津（2006）を参考にして以下にまとめる。

　表9にある11文字は全てネパール語で使用されている母音字である。その

表9　ネパール語の母音字

文字	अ	आ	इ	ई	उ	ऊ	ए	ऐ	ओ	औ	ऋ
音素	ə	A	I	i	u	u	e	əi	o	əu	ri

　下にはそれぞれの文字の音素を示している。この文字の配列はほぼ辞書の配列にも合致するものであるが、「ऋ（ri）」は伝統的な配列では「अ」の後に置かれることになっている。さらに、石井（1986）によると、「伝統的には母音字の中で「अ（ə）、इ（i）、उ（u）」が短音、他は長音をあらわすとされている。ネパール語においてもこれは詩学などではいまだに意味をもったものとされているが、日常語においては、そのような長短の区別は明確に割り切れるものではなくなっている」（p.12）と述べられている。たしかに、「अ」と「आ」は音素も異なることから、聞き分けることができる。しかしながら、「इ」と「ई」、「उ」と「ऊ」は音素も同じであることから、聞き分けることはかなり難しいと考えられる。石井（1986）でも「いわゆる短いइ（i）उ（u）でも単語によっては長く発音される場合もあるなど、実際の発音上の長短を単純な規則であらわすことは難しい」（p.12）と述べられている。つまり、表記上母音の長短は存在するものの、文字の長短と実際に発音する際の母音の長短が一致していないということになる。

　では、日本語はネパール語と同じように母音の長短を区別する言語であるが、母音の長短を聞き分けることはできるのだろうか。日本語学習者にとって、母音の長短の聞き分けは難しいと一般的に考えられているが、もし、ネパール人日本語学習者が得意なのであれば、ネパール語がプラスの影響になっていると考えられる。

　次に、子音を見ていく。

　表10は子音字を並べたものである。これも表9と同様、配列はほぼ辞書の配列（左から右、上から下の順）に合致するもの（石井（1986）；p.10）である。石井（1986）によると、「この表はサンスクリットの伝統にのっとったもので大変論理的にできている。」（p.10）という。野津（2006）もこの「子音字の配列は規則的で、音声学的に見ても理にかなった配置」（p.11）になっていると述べている。

表10　ネパール語の子音字

文字	क	ख	ग	घ	ङ
音素	kə	kɦə	gə	gɦə	ŋə
文字	च	छ	ज	झ	ञ
音素	cə	cɦə	jə	jɦə	nə
文字	ट	ठ	ड	ढ	ण
音素	ṭə	tɦə	ḍə	ḍɦə	ṇə
文字	त	थ	द	ध	न
音素	tə	tɦə	də	dɦə	nə
文字	प	फ	ब	भ	म
音素	pə	pɦə	bə	bɦə	mə
文字	य	र	ल	व	
音素	yə	rə	lə	wə bə	
文字	श	ष	स	ह	
音素	sə	sə	sə	hə	

　なぜそのように言われるかというと、1段目から5段目までは各段が同じ調音点・調音法でまとめられているだけでなく、右から順に無声音・無気音、無声音・有気音、有声音・無気音、有声音・無気音、鼻子音の順になっている。6段目と7段目は各段の調音点は異なるが、同じあるいは似た調音法でまとめられているためである。

　表10からもわかるように、日本語は、たとえば「か」と「が」のように無声音・有声音の対立しかないが、ネパール語はそれに加えて、無気音・有気音の対立もあるということになる。たとえば、世界で最も日本語学習者が多いのは中国であるが、中国の北方方言が母語である日本語学習者であれば、母語に無声音・有声音の対立はなく、日本語にはない無気音・有気音のみの

対立である。そのため、無声音・有声音の聞き分けが難しいと指摘されることもあるが、ネパール人日本語学習者はその点で母語が有利に働くと考えられる。

さらに、石井（1986）には、「これは日本語の五十音表にも影響を及ぼしている」（p.10）とある。表10の子音のみで見ていくと、「च」（cə）は「さ」への読み替えが必要になるが、「かさ（た）たなぱまやら（ら）わ」と読んでいくことができるのである。

母音についても表 9 にあるが、そのうち二重母音を除けば「（あ）あいいううえお」と読むことができ、日本語の五十音図のとおりに読んでいくことが可能である。これは偶然なのだろうか。では、次に日本語の五十音図の成り立ちを見ていくことにする。

5. 4　五十音図

ネパール語の母音と子音の配列が日本語の五十音図に非常によく似ていることを確認した。ここからどのように日本語の五十音図ができたのか、見ていくことにする。

5.4.1　五十音図とは

五十音図とは、国語学大辞典によると「縦に五字ずつ横に十字ずつ、計五十字の仮名を収めた表」とされている。さらに、「仮名は音節文字であり、一応仮名の種類がここに網羅されているので、この図は日本語の音節体系を示すものと見られがちであるが、（中略）普通の形式のままでは今日の音節体系を見るに不十分で、過去のある時代の音韻知識から、仮名を整理し、配列した一種の字母表と見るべきである」とまとめている。

また、沖森ほか（2006）によると、五十音図は「日本語の音節を列挙した
もので、横に同じ母音を持った音節を並べ、縦に同じ（又は類似の）子音を
持った音節を置いて組み合わせた図表である。（中略）現代では仮名の練習
といった初等教育の場や国語辞典の語の配列、また動詞の活用表などに応用
される。その成立は10〜11世紀頃とされ、作者は寺院の学僧らの手によると
見られる」と述べられている。

　ここから、五十音図は「過去のある時代の音韻知識から、横に同じ母音を
持った音節を並べ、縦に同じ子音を持った音節を置くというように仮名を整
理し、配列したもの」だと言える。10〜11世紀ごろに寺院の学僧らの手に
よって成立したと見られているが、詳細は述べられていない。そこで、次に
五十音図の成立を見ていくことにする。

5.4.2　山田（1938）[6]の場合

　五十音図について、発生からの歴史をまとめている。そこで結論として、
「悉曇章によってこの音図を整理した結果とも、国語によって悉曇章を統制
した結果ともいえるが、今日の音図は悉曇章によって統制したからこそ今日
のような形になった」と述べている。さらに、「悉曇学者が伝えようとした
ものが、契沖によって国語学界に伝わったことによって、今の形式の音図が
国語学界に確立するようになった」とまとめられている。

　つまり、もともとは悉曇を学習するためのものであったが、当時の日本語
によって悉曇章を統制するのか、悉曇章によって日本語を統制するのかは定
かではないが、その結果、現在の五十音図ができたとしている。さらに、こ
れが現在の国語教育で使われるようになったのは、契沖によるものだという

6）　初版は1938年刊である。本書では、1980年刊の復刻第二刷を引用した。

ことである。

5.4.3　馬渕（1993）の場合

　馬渕（1993）によると、「『五十音図』の成立を見ると、その起源は 2 つあり、そのうち 1 つは悉曇であった」と述べられている。「悉曇とは、インドから中国を経て日本に伝わったサンスクリットすなわち梵語についての学問のこと」（p.44）であるが、悉曇ともう一方のどちらが起源だとしても、「外国語音を日本語の音韻体系内で処理しようとしたところに発生したということなのだろう」と述べている。つまり、悉曇が起源であったとしたら、梵語の音韻をまとめてあったものに、日本語のかなを当てはめて梵語を習得しようとする過程があり、その際にできたものが五十音図であるということになる。

　馬渕（1993）では山田（1938）と異なり、悉曇が起源でない可能性も示唆されているが、悉曇が起源であった場合には、やはり山田（1938）のような成り立ちが考えられるということである。

5.5　まとめ

　ここまで見てきたように、現在の日本語の五十音図は悉曇が起源である可能性が大いに考えられる。悉曇は先述したとおり、サンスクリットについての学問のことである。ネパール語の文字の配列もサンスクリットの伝統的な配列であることから文字の配列が似通っていても不思議ではない。これがネパール人日本語学習者に「ひらがな・カタカナとネパール語は同じ」と言われる理由である。

　現在は、五十音についての新しい研究はほとんど見られず、この研究が日

本語学だけに限定され、対照言語学的発展性があるとは考えられていない、ということがうかがわれる。しかし、デバナガリ文字が関わる言語を母語とする日本語学習者については、正負の干渉があるのではないかという視点からの考察も有益ではないかということも、ここで提案する価値があると思われる。

　日本語学習はひらがな・カタカナが学習のスタートになるが、日本語学習者にとってそれがやさしいと捉えられているということは、学習の取っかかりがやさしいということになり、日本語学習への心的ハードルが低くなると考えられる。

　その一方で、ネパール語と日本語で異なる部分があることも明らかになった。それは母音の長短に対する表記と実際の発音の差である。ネパール人日本語学習者はどのように聞き、どのように話しているのだろうか。次章からは実際の日本語の音声の知覚と生成について見ていくことにする。

第6章　調査3：知覚実験

6.1　はじめに

　前章で述べたように、ネパール語では母音の長短について表記と実際の発音が異なるという問題がある。ネパール語の母音字は全部で11種類ある。そのうち単母音の母音字は8つとなる。

　　अ（/ə/）、आ（/a/）、इ（/i/）、ई（/i/）、उ（/u/）、ऊ（/u/）、

　　ए（/e/）、ओ（/o/）

　この母音字は、伝統的にअ（/ə/）、इ（/i/）、उ（/u/）が短音、他は長音を表すとされているが、現代ネパール語では長短の区別はされなくなってきている。さらに、短音とされている母音字でも単語によっては長く発音されることもあるということから、「表記は異なるが発音は同じ」現象や「表記されているとおりに発音しない」現象が起きていると言える。

　日本語は母音の長短の区別をする言語であるが、一般的に日本語学習者の習得は困難とされている。上記のような言語を持つネパール人日本語学習者にとって日本語の母音の長短の習得はどのようになっているのだろうか。

　同じような現象は子音＋半母音 /j/ にも見られる。日本語で子音＋半母音 /j/ は拗音に当たる。たとえば、प्याज（pyaaja）は「ピャーズ」と拗音のように発音するが、व्यस्त（vyasta）は「ベスタ」と直音として発音している。つまり、子音＋半母音 /j/ が口蓋化する場合もしない場合もあるという

ことである。以上のことが原因なのか、ネパール人日本語学習者が日本語を話しているのを聞いた際、拗音が正しく発音できていなかったことがあることから、日本語の母音の長短と拗音について特徴を明らかにしようと考えるに至った。調査には母音の長短と拗音だけでなく、一般的に日本語学習者に習得が困難だと考えられている促音も追加する。一方で、同じ特殊拍ではあるものの撥音に関しては今まで特に問題を感じてこなかったため、今回の調査には含めないことにする。

6.2　特殊拍に関する研究

　ネパール人日本語学習者の日本語習得に関する研究は管見の限りないが、他の言語を母語に持つ日本語学習者の研究はすでに行われている。以下に日本語の特殊拍の知覚や生成に関する研究を挙げる。

　本橋ほか（2015）では、英語を母語とする日本語の初級学習者を対象にして、表記に見られる誤りの実態について、音韻条件を変えた無意味語と比較することによって、知覚との関連を研究した。そこから、初級学習者は聞こえたとおりに覚え、書いていると結論づけている。

　また、小熊（2002）では、韓国語・英語・中国語を母語とする初級から超級の日本語学習者を対象に自然発話に見られる日本語のリズムの習得についてまとめているが、長音と促音が日本語の発話リズムで習得が最も難しいと推察している。さらに、本橋（2013）では、「特殊拍について数多くの研究があるが、知覚と生成の関係を同一被験者から取ったものは少ない。しかし、同一被験者から取ることによって、誤用の深い精査が可能になる」（p.104）と述べている。

　このように、特殊拍の知覚や生成に限ってみても、他の母語話者の研究が進められているのに対し、ネパール人日本語学習者に関する研究は管見の限

りなく、これから必要な領域だといえる。

　また、先行研究にあるとおり、日本語学習者にとって特殊拍は知覚と生成のいずれにも困難が伴うとされているが、ネパール人日本語学習者の母語であるネパール語の少なくとも表記には、日本語の長音と拗音に値するものがそれぞれ存在する。それがどのようにネパール人日本語学習者にとって日本語の知覚に正の干渉となっているだろうか。

6.3　調査方法

6.3.1　調査協力者

本研究の調査協力者は以下のとおりである。

・日本在住のネパール人日本語学習者（以下、在日ネパール人）
　　来日後、日本国内の日本語学校で1年3か月以上学習した経験を持つ者、66名。
・ネパール在住のネパール人日本語学習者（以下、在ネネパール人）
　　ネパール国内で留学準備のため、日本語教育機関にて日本語を学習している者、100名。

　在日ネパール人は、日本国内の日本語学校での学習経験が1年3か月以上あれば、来日年数、調査時の所属は問わないこととした。また、ネパールは多民族国家であり、それぞれの民族で異なる言語を持つ。ネパール国内においてネパール語は公用語と位置づけられているが、調査協力者の母語は問わないこととした。それは、苗字から民族を判断することはできても、現在のネパールにおいて、個人の使用言語の判断は個別性が伴い、難しい状況であ

るためである。その代わり、事前インタビューでは、言語背景や各言語の学習歴等について確認をしている。家族内や同じ民族の友人間での会話をネパール語以外で行っている調査協力者を以下に挙げるが、中にはネパール語のほうが使用頻度が高い場合もある。

　調査協力者の内訳は、在日ネパール人66名のうち、ネパール語母語話者44名、ネワール語使用可能調査協力者4名、タマン語使用可能調査協力者3名、ライ語使用可能調査使用協力者1名、不明14名である。在ネネパール人100名のうち、ネパール語母語話者82名、ネワール語使用可能調査協力者7名、タマン語使用可能調査協力者4名、シェルパ語使用可能調査協力者2名、フツ語使用可能調査協力者1名、グルン語使用可能調査協力者1名、スンワル語使用可能調査協力者1名、不明2名である。しかし、一様にネパール語母語話者との間に正答率の差が見られないため、ネパール語を母語とするネパール人日本語学習者と同様に結果を分析する。

6.3.2　調査方法

　本研究では、「話す」「聞く」が得意だと感じられることが多いネパール人日本語学習者は、母語において表記と発音にずれがある母音の長短や子音＋半母音 /j/（日本語の長音と拗音に値する）について、また、日本語学習者にとって習得が難しいと考えられている長音と促音について、どのように知覚しているのかを明らかにするために以下の実験を行った。

　調査は調査者と調査協力者の1対1の対面により行った。流れは以下のとおりである。

（1）インタビュー（言語背景や使用言語、今までの学歴や日本語学習歴
　　　等について）

（2）日本語の長音・促音・拗音を含んだ刺激語の知覚実験

（3）日本語の長音・促音・拗音を含んだ刺激語の生成実験

　このうち、本章では（2）の知覚実験についてまとめる。（3）は 7 章で
まとめる。知覚実験で用いた長音・促音・拗音の刺激語とは、長音・促音・
拗音のうちどれかを持つ語と持たない語がミニマルペアになるように抽出し
た有意味語である。この刺激語が 1 文につき 1 つ入るようにした。調査で使
用する文は、ミニマルペアになっている27語とミニマルペアになっていない
ダミー 6 語を含んだ33文である。ダミーを入れた理由は、刺激語がミニマル
ペアになっていることを調査協力者に悟られないためである。刺激語と刺激
語を含む文は表11のとおりである。それぞれの文の後ろにある（　）内の語
は調査協力者が解答すべき正答である。

　刺激語を含む文は表11のように初級学習者である在ネパール人にもわか
りやすくなるよう、『みんなの日本語　本冊』に倣って分かち書きにしてい
る。また、漢字には全てひらがなでルビを振っている。

　刺激語を含む文は、事前に東京都出身の東京方言話者である、プロのナ
レーターの女性に読み上げてもらい、録音した。調査協力者には録音した文
を 1 文につき 2 回ずつ聞き、刺激語の部分のみを書き取ってもらった。音声
は、調査協力者が 1 つの問題の答えを書き終わってから、次の問題を流すよ
うにした。表11の問題文には問題番号があるが、実際の解答用紙は、問題の
順序による正答率の偏りを避けるため、刺激語を含む文はランダムに並び替
えている。

　刺激語の分類は表12のとおりである。表中にある番号は表11の問題番号と
対応している。

　表12にあるとおり、長音の有無に関する問題が 6 問、促音の有無に関する
問題が 5 問、拗音の有無に関する問題が 3 問、ダミーが 6 問となっている。

表11　知覚実験に用いた刺激語を含む文

（1）あそこに　（　　　　）がいます。（おばあさん）

（2）あそこに　（　　　　）がいます。（おばさん）

（3）あそこに　（　　　　）があります。（チーズ）

（4）あそこに　（　　　　）があります。（地図）

（5）昨日まで　（　　　　）でした。（良好）

（6）昨日まで　（　　　　）でした。（旅行）

（7）彼と、（　　　　）に　一度で　いいから　ヒマラヤが　見たいです。（一生）

（8）彼と、（　　　　）に　一度で　いいから　ヒマラヤが　見たいです。（一緒）

（9）あの　（　　　　）を　見てください。（カード）

（10）あの　（　　　　）を　見てください。（角）

（11）昨日は　どこに　（　　　）の？（行った）

（12）昨日は　どこに　（　　　）の？（いた）

（13）隣の　（　　　　）うるさくない？（夫）

（14）隣の　（　　　　）うるさくない？（音）

（15）次に　（　　　）の問題を考えましょう。（かっこ）

（16）次に　（　　　）の問題を考えましょう。（過去）

（17）どちらの　（　　　　）ですか。（作家）

（18）どちらの　（　　　　）ですか。（坂）

（19）すみません。（　　　）ください。（切手）

（20）すみません。（　　　）ください。（着て）

（21）すみません。（　　　）ください。（聞いて）

（22）新しく　（　　　）が　できました。（病院）

（23）新しく　（　　　）が　できました。（美容院）

（24）あなたが　（　　　）です。（勝者）

（25）あなたが　（　　　）です。（使用者）

（26）彼は　（　　　）ずっと　寝ていた。（十時間）

（27）彼は　（　　　）ずっと　寝ていた。（自由時間）

（28）校長先生の　話を　聞いた　あとで　（　　　）する。（拍手）

（29）今日、友達と　うちで　（　　　）をする。（宿題）

（30）いつもどんな　（　　　）を　読んでいますか。（雑誌）

（31）東京タワーの　（　　　）を　撮った。（写真）

（32）この問題は難しくて、（　　　）わからない。（全然）

（33）今の　（　　　）は　情報化が　進んでいる。（社会）

表12　刺激語の分類

	あり	なし	問題数
長音	（1）（3）（5）（7）（9）（21）	（2）（4）（6）（8）（10）（20）	6 問
促音	（11）（13）（15）（17）（19）	（12）（14）（16）（18）（20）	5 問
拗音	（22）（24）（26）	（23）（25）（27）	3 問
ダミー	（28）（29）（30）（31）（32）（33）		6 問

　結果は、解答用紙を回収後、調査協力者 1 人 1 人について、長音・促音・拗音の有無でそれぞれ正答数を集計し、その後在日ネパール人と在ネネパール人の調査協力者の人数と問題数によって正答率を算出する。

6.4　結果

6.4.1　全体の結果

　まず、知覚実験の全体の結果を以下にまとめる。縦軸は正答者数、横軸は刺激語を示す。先述したように、横軸の右側の 6 つ「拍手」「宿題」「雑誌」「写真」「全然」「社会」は本研究ではダミーとして扱っているため、ミニマルペアになっていない。

　図 5 を見ると、在日ネパール人のほうが正答率はおおむね高いといえる。これは、在日ネパール人日本語学習者の学習歴の長さや来日歴が 1 年 3 か月以上であることから、日本語母語話者の音声を聞く機会に恵まれていることが強く影響しているのではないかと考えられる。その一方で、「旅行」「いた」「一緒」といった問題は『みんなの日本語初級 I　第 2 版　本冊』で学習する語であるが、問題によっては必ずしも在日ネパール人の正答率が高いとは言い切れない。これらの結果から、既習の語であることや日本にいるこ

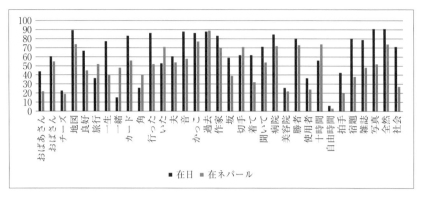

図5　問題別正答率

　とによって日本語母語話者の音声を聞く機会に恵まれていることが、必ずし
も正答率の高さに結びつくとは言い切れないケースもあると考えられる。

　本研究の知覚実験は、聞いた刺激語を書き取る実験であるが、今回は着目
している点（長音・促音・拗音およびそれを含んでいない語はそれに当たる
部分）が知覚できていると判断できれば、完答でなくても正答としている。
これによる弊害は、促音を知覚して、「さっか（作家）」と答えるべきところ
を「サッカー」と答えてしまっても促音が知覚できているため、正答となっ
てしまう点である。また、調査時に事前の指示として「解答はひらがなかカ
タカナで」と伝えているが、「じゅうじかん」と答えなければならない問題
に、数字を使用して「10じかん」と解答してしまっている場合も見られた。
「10」では、拗音を知覚できているかどうかは判断できず、誤答と見なさざ
るを得なかった。在日ネパール人・在ネネパール人を各52名調査した時点
で、「10」と数字で解答している者が在日ネパール人は半数の26名、在ネネ
パール人は3名いたため、それ以降の調査では数字で書いていた場合、いっ
たん止めて、ひらがなに直すよう指示をした。

　さらに、この解答の判断は筆者のみで行っているため、特に拗音について

は解答した字の大きさにばらつきがあり、拗音であるかどうかの判断がつきにくく、調査協力者の意向に沿っていない場合がある。

6.4.2　分類ごとの結果

次に、長音・促音・拗音の有無ごとに在日ネパール人（表13）と在ネネパール人（表14）の結果を表にまとめる。それぞれの表にある問題数は調査協力者の人数（在日ネパール人66人、在ネネパール人100人）とそれぞれの問題数（長音 6 問、促音 5 問、拗音 3 問）から算出した。

在日ネパール人と在ネネパール人の調査協力者の人数と長音・促音・拗音の問題数がそれぞれ異なり、正答数では比較しづらいため、正答率も併記し

表13　在日ネパール人正答数および正答率

	あり		なし		問題数
	正答数	正答率	正答数	正答率	
長音	241	60.9	191	48.2	396
促音	250	75.8	231	70.0	330
拗音	146	73.7	45	22.7	198

表14　在ネネパール人正答数および正答率

	あり		なし		問題数
	正答数	正答率	正答数	正答率	
長音	236	39.3	301	50.2	600
促音	324	64.8	289	57.8	500
拗音	219	73.0	49	16.3	300

た。これらの表から、在日ネパール人と在ネネパール人についてそれぞれの項目では差がないのか、次節で詳細に分析する。

6.5　分析および考察

全体の結果について、考察をまとめる。在ネネパール人の正答率が在日ネパール人を上回ることもあることから、在日ネパール人のほうが正答率が高いとは言い切れず、学習歴の長さや第二言語環境での学習や生活が知覚の向上に影響するとは必ずしも言いがたい。また、「作家」を「サッカー」としたり、「自由時間」を「10じかん」としていることから、自分の知っている言葉に置き換えて解答している可能性もあり、必ずしも知覚したとおりに解答できていない場合があるといえる。いずれも在日ネパール人のほうにその傾向が見られ、学習歴が長くなるにつれ、聞こえた語と学習者自身の知っている語が一致しているという思い込みで解答を行っている可能性が考えられる。

次に、分類ごとの結果について分析および考察をまとめる

6.5.1　分類ごとの分析および考察

まず、在日ネパール人と在ネネパール人の2グループについて、長音・促音・拗音それぞれの有無の6条件で統計を行った。使った手法は「独立サンプルの t 検定[7]」である。

在日ネパール人（n＝66）と在ネネパール人（n＝100）の長音ありに差があるのか明らかにするために t 検定を行った。結果、在日ネパール人の平均

---

7)　t 検定は SPSS　Statistics25を用いて行った。

表15　長音ありの独立サンプルの検定

<table>
<tr><td colspan="11" align="center">独立サンプルの検定</td></tr>
<tr>
<td rowspan="3"></td>
<td rowspan="3"></td>
<td colspan="2" align="center">等分散性のための
Levene の検定</td>
<td colspan="7" align="center">2 つの母平均の差の検定</td>
</tr>
<tr>
<td rowspan="2">F 値</td>
<td rowspan="2">有意確率</td>
<td rowspan="2">t 値</td>
<td rowspan="2">自由度</td>
<td rowspan="2">有意確率
（両側）</td>
<td rowspan="2">平均値の
差</td>
<td rowspan="2">差の標準
誤差</td>
<td colspan="2" align="center">差の95％信頼区間</td>
</tr>
<tr>
<td>下限</td>
<td>上限</td>
</tr>
<tr>
<td rowspan="2">長音あり
正解率</td>
<td>等分散を
仮定する</td>
<td>.375</td>
<td>.541</td>
<td>-5.932</td>
<td>164</td>
<td>.000</td>
<td>-.21483</td>
<td>.03621</td>
<td>-.28634</td>
<td>-.14332</td>
</tr>
<tr>
<td>等分散を
仮定しない</td>
<td></td>
<td></td>
<td>-6.060</td>
<td>148.984</td>
<td>.000</td>
<td>-.21483</td>
<td>.03545</td>
<td>-.28488</td>
<td>-.14478</td>
</tr>
</table>

表16　促音ありの独立サンプルの検定

<table>
<tr><td colspan="11" align="center">独立サンプルの検定</td></tr>
<tr>
<td rowspan="3"></td>
<td rowspan="3"></td>
<td colspan="2" align="center">等分散性のための
Levene の検定</td>
<td colspan="7" align="center">2 つの母平均の差の検定</td>
</tr>
<tr>
<td rowspan="2">F 値</td>
<td rowspan="2">有意確率</td>
<td rowspan="2">t 値</td>
<td rowspan="2">自由度</td>
<td rowspan="2">有意確率
（両側）</td>
<td rowspan="2">平均値の
差</td>
<td rowspan="2">差の標準
誤差</td>
<td colspan="2" align="center">差の95％信頼区間</td>
</tr>
<tr>
<td>下限</td>
<td>上限</td>
</tr>
<tr>
<td rowspan="2">促音あり
正解率</td>
<td>等分散を
仮定する</td>
<td>7.300</td>
<td>.008</td>
<td>-2.272</td>
<td>164</td>
<td>.024</td>
<td>-.10958</td>
<td>.04824</td>
<td>-.20482</td>
<td>-.01433</td>
</tr>
<tr>
<td>等分散を
仮定しない</td>
<td></td>
<td></td>
<td>-2.374</td>
<td>157.604</td>
<td>.019</td>
<td>-.10958</td>
<td>.04615</td>
<td>-.20072</td>
<td>-.01843</td>
</tr>
</table>

表17　促音なしの独立サンプルの検定

<table>
<tr><td colspan="11" align="center">独立サンプルの検定</td></tr>
<tr>
<td rowspan="3"></td>
<td rowspan="3"></td>
<td colspan="2" align="center">等分散性のための
Levene の検定</td>
<td colspan="7" align="center">2 つの母平均の差の検定</td>
</tr>
<tr>
<td rowspan="2">F 値</td>
<td rowspan="2">有意確率</td>
<td rowspan="2">t 値</td>
<td rowspan="2">自由度</td>
<td rowspan="2">有意確率
（両側）</td>
<td rowspan="2">平均値の
差</td>
<td rowspan="2">差の標準
誤差</td>
<td colspan="2" align="center">差の95％信頼区間</td>
</tr>
<tr>
<td>下限</td>
<td>上限</td>
</tr>
<tr>
<td rowspan="2">促音なし
正解率</td>
<td>等分散を仮
定する</td>
<td>1.070</td>
<td>.302</td>
<td>-3.218</td>
<td>164</td>
<td>.002</td>
<td>-.12200</td>
<td>.03791</td>
<td>-.19686</td>
<td>-.04714</td>
</tr>
<tr>
<td>等分散を仮
定しない</td>
<td></td>
<td></td>
<td>-3.185</td>
<td>134.372</td>
<td>.002</td>
<td>-.12200</td>
<td>.03830</td>
<td>-.19775</td>
<td>-.04625</td>
</tr>
</table>

値（M＝0.61, SD＝0.21）は在ネネパール人（M＝0.39, SD＝0.24）の平均正答率より有意に高いことがわかった（t(148.98)＝6.06, p<.05）（表15）。

　次に、在日ネパール人（n＝66）と在ネネパール人（n＝100）の促音ありに差があるのか明らかにするためにt検定を行った。結果、在日ネパール人の平均値（M＝0.76, SD＝0.26）は在ネネパール人（M＝0.65, SD＝0.33）の平均正答率より有意に高いことがわかった（t(157.6)＝2.37, p<.05）（表16）。

　さらに、在日ネパール人（n＝66）と在ネネパール人（n＝100）の促音なしに差があるのか明らかにするためにt検定を行った。結果、在日ネパール人の平均値（M＝0.70, SD＝0.25）は在ネネパール人（M＝0.58, SD＝0.23）の平均正答率より有意に高いことがわかった（t(134.4)＝3.19, p<.05）（表17）。

　以上から、長音あり・促音あり・促音なしについては、在日ネパール人のほうが、在ネネパール人よりも平均正答率が有意に高いことから、この3つに関して在日ネパール人のほうがよく認識できるということが明らかになった。その一方で、長音なし・拗音あり・拗音なしについては有意差が見られなかったため、在日ネパール人と在ネネパール人による認識の差が見られなかったということである。

　次に、在日ネパール人と在ネパール人の2グループについて、長音・促音・拗音それぞれの有無による認識の差があるかどうかの3条件で統計を行った。使った手法は「対応のあるt検定」である。

　まず、長音ありと長音なしの調査で在日ネパール人（N＝66）の正答率に変化があるか明らかにするために対応のあるt検定を行った。結果、長音あり（M＝0.61, SD＝0.21）の平均正答率は長音なし（M＝0.48, SD＝0.20）の平均正答率より有意に高いことがわかった（t(65)＝3.5, p<.05）。したがって、長音ありのほうが認識しやすい。

　同じく在日ネパール人について、拗音ありと拗音なしで正答率に変化があるか明らかにするために対応のある t 検定を行った。結果、拗音あり（M = 0.74, SD = 0.28）の平均正答率は拗音なし（M = 0.23, SD = 0.29）の平均正答率より有意に高いことがわかった（t(65) = 12.0, p＜.05）。したがって拗音ありのほうが認識しやすい。促音については、その有無に有意差は見られなかった。

　次に、在ネネパール人についてまとめる。長音ありと長音なしの調査で在ネネパール人（N = 100）の正答率に変化があるか明らかにするために対応のある t 検定を行った。結果、長音あり（M = 0.39, SD = 0.24）の平均正答率は長音なし（M = 0.50, SD = 0.21）の平均正答率より有意に高いことがわかった（t(99) = 3.1, p＜.05）。したがって在ネネパール人は長音なしのほうが認識しやすい。

　同じく在ネネパール人について、拗音ありと拗音なしで正答率に変化があるか明らかにするために対応のある t 検定を行った。結果、拗音あり（M = 0.73, SD = 0.33）の平均正答率は拗音なし（M = 0.16, SD = 0.22）の平均正答率より有意に高いことがわかった（t(99) = 14.1, p＜.05）。したがって、拗音ありのほうが認識しやすい。また、在日ネパール人と同じように、在ネネパール人でも促音については、その有無に有意差は見られなかった。詳細は表18のとおりである。

　以上から考察をまとめる。長音について見ると、在日ネパール人の結果は在ネネパール人が有意に少ないのに対し、有意に高く、長音の知覚は来日後に向上するといえる。また、促音については、在日ネパール人も在ネネパール人も正答率が低くないことから、やはり知覚が苦手ではないと推察される。

　また、在日ネパール人も在ネネパール人も拗音ありが有意に多く、拗音なしが有意に少ないという結果が出ており、拗音ありのほうが認識しやすいと

表18　調査協力者ごとの対応サンプルの検定

		対応サンプルの検定							
		対応サンプルの差					t 値	自由度	有意確率（両側）
		平均値	標準偏差	平均値の標準誤差	差の95％信頼区間				
					下限	上限			
ペア1	在日長音あり正解率—在日長音なし正解率	.12561	.29214	.03596	.05379	.19742	3.493	65	.001
ペア2	在ネ長音あり正解率—在ネ長音なし正解率	−.10890	.34678	.03468	−.17771	−.04009	−3.140	99	.002
ペア3	在日促音あり正解率—在日促音なし正解率	.05758	.35216	.04335	−.02900	.14415	1.328	65	.189
ペア4	在ネ促音あり正解率—在ネ促音なし正解率	.07000	.39836	.03984	−.00904	.14904	1.757	99	.082
ペア5	在日拗音あり正解率—在日拗音なし正解率	.51167	.34749	.04277	.42624	.59709	11.963	65	.000
ペア6	在ネ拗音あり正解率—在ネ拗音なし正解率	.56810	.40367	.04037	.48800	.64820	14.073	99	.000

いえる。さらに、促音についても、その有無にかかわらずよくできており、この長音・促音・拗音の中では促音が最も聞けるということがわかる。

　長音・促音・拗音が含まれていない語はミニマルペアになってはいるものの、特殊拍や拗音を含んでいないことから、その他の語と同じように考えられる。日本語学習者にとって、特殊拍は知覚が難しいと一般的に言われてきたが、ネパール人日本語学習者の場合、必ずしもそうとはいえない状況が見えてきた。

6.5.2　正答率による正答・誤答の傾向

　次に、ネパール人日本語学習者が記入した解答の特徴を詳細に明らかにするために、正答率による正答・誤答の傾向を見ていく。まず、正答率の上位10番目までと同じ正答率であった調査協力者（以下、上位群とする）の誤答

を在日ネパール人、在ネパール人でそれぞれ見ていく。これによって、正答率上位群であっても、知覚が困難な語が明らかになる。

6.5.2.1　上位群の場合

在日ネパール人の上位群として挙げられるのは以下の16名である（表19）。

表19　在日ネパール人正答率上位群

順位	調査協力者 (No.)	正答率 (％)	順位	調査協力者 (No.)	正答率 (％)
1	24	90.9	7	25	75.8
2	44	87.9	7	28	75.8
2	52	87.9	7	33	75.8
2	55	87.9	7	37	75.8
5	43	81.8	7	45	75.8
6	16	78.8	7	54	75.8
6	63	78.8	7	56	75.8
7	9	75.8	7	57	75.8

在日ネパール人の上位群の誤答者数を刺激語ごとに以下の表にまとめる（表20）。

在日ネパール人上位群の誤答者が最も多いのは16人中12人が誤答であった「一緒」である。次に多いのが、11名が誤った「旅行」である。「一緒」への解答には多くが「一生」、「旅行」への解答にはほとんどが「良好」とミニマルペアの他方の解答をしていることが誤答となった原因である。どちらも長音がないところに長音を挿入してしまっている。すなわち、ネパール人日本語学習者にとって長音を認識することは難しいと推察される。

さらに、表20から見える在日ネパール人の特徴を 2 点挙げる。 1 点目は促

表20　各刺激語の誤答者数

刺激語	人数（人）	刺激語	人数（人）	刺激語	人数（人）	刺激語	人数（人）
おばあさん	6	行った	0	病院	0	拍手	2
おばさん	1	いた	6	美容院	7	宿題	i
チーズ	8	夫	2	勝者	1	雑誌	1
地図	1	音	1	使用者	3	写真	0
良好	3	かっこ	0	十時間	1	全然	0
旅行	11	過去	1	自由時間	10	社会	0
一生	3	作家	1				
一緒	12	坂	3				
カード	1	切手	4				
角	8	着て	1				
		聞いて	1				

音の有無に着目している語の誤答者の少なさである。表13では在日ネパール人は促音の有無にかかわらず正答率が高めであった。上位群には誤答者がいない刺激語もあるように、やはり、ネパール人日本語学習者にとって、知覚しやすい可能性が考えられる。2点目は、ミニマルペアになっていない刺激語が他のミニマルペアになっている刺激語と比べると誤答者が少ないことである。「拍手」以降の6つの刺激語はダミーとして扱っていて、ミニマルペアになっていない。正答率上位群でもミニマルペアになっている語のほうが正答者が少なく、ミニマルペアになっていない語のほうが正答者が多いことから、ミニマルペアになっている語の聞き分けが難しい、もしくは思い込みで解答していることがわかった。

　次に、在ネネパール人の上位群について見ていく。在ネネパール人のうち、上位10番目までの正答率であった調査協力者は以下の11名である。

表21　在ネパールネパール人正答率上位群

順位	調査協力者 （No.）	正答率 （%）	順位	調査協力者 （No.）	正答率 （%）
1	98	90.9	6	99	72.7
2	94	87.9	6	25	69.7
2	95	87.9	7	35	66.7
4	93	84.8	9	50	66.7
5	1	75.8	9	67	66.7
6	4	72.7			

　上位4名までの正答率は在日ネパール人とほぼ変わらないが、この4名と
No.99はネパール国立トリプバン大学の日本語課程で日本語を学習してお
り、すでに学習を始めて3年以上が経っている。それがこの正答率の高さに
結びついているといえる。上位4名を除くと在日ネパール人の上位群よりも
若干正答率が低い。これは上位4名とは逆に学習歴の短さの影響を受けてい
ると考えられる。詳細に見るために、在ネネパール人の上位群の誤答者数を
刺激語ごとに表22にまとめる。

　在ネネパール人上位群の誤答者数が最も多い刺激語は11名中10名が誤った
「自由時間」である。これについては、数字で解答している調査協力者は1
名のみであるが、他の9名は拗音を含んだ表記であるため、誤答となってい
る。また、次に多いのが「チーズ」であるが、誤答者は全員「地図」と解答
しており、長音を聞き取れていないことがわかる。これと同じように次に誤
答者の多い「良好」には「りょこう」と答えており、長音が聞き取れていな
い。それに対し、「一緒」は誤答の多くが「一生」となっており、他の誤答
も語末に長音を含んだ解答となっているため誤りと判断されている。つま
り、長音はその有無を判断するのが難しいと考えられる。

表22　各刺激語の誤答者数

刺激語	人数（人）	刺激語	人数（人）	刺激語	人数（人）	刺激語	人数（人）
おばあさん	3	行った	0	病院	0	拍手	6
おばさん	3	いた	2	美容院	6	宿題	2
チーズ	7	夫	0	勝者	0	雑誌	0
地図	1	音	1	使用者	5	写真	0
良好	6	かっこ	0	十時間	1	全然	0
旅行	4	過去	2	自由時間	10	社会	1
一生	5	作家	0				
一緒	6	坂	4				
カード	3	切手	1				
角	4	着て	2				
		聞いて	0				

　しかしながら、在日・在ネパールにかかわらず解答に多く見られるのが、ミニマルペアとなっている問い2か所に同じ解答を記入することである。表22を見ても誤答者の多い「自由時間」「チーズ」「良好」「一緒」は、ミニマルペアになっているほうの誤答者数のほうが少なく、同じ解答を行っているからだともいえる。なぜ、これを行うかについては、聞き分けが難しいためか調査協力者自身の知っている語に置き換えて解答している可能性が考えられる。これは在日ネパール人にもいえることであるが、（3）までの調査を終えた後、生成実験で用いた文を見ながら刺激語を含めた確認を行っている際、「○○だと思った」とミニマルペアになっているもう一方の語を挙げることが多かったことから、調査協力者自身の知っている語への置き換えはネパール人日本語学習者の一種のストラテジーとなっている可能性がある。

　「拍手」の解答では「はくす」のように拗音を直音化しているために誤答

となっているケースが多い。また、着目していない点以外は問うていないため、正答率には反映されていない誤答もあるものの、在日ネパール人も含め、他の拗音を含む語にも「勝者」を「しょうさ」、「社会」を「さかい」などと解答している調査協力者もおり、やはり、拗音を聞き取りにくい、もしくは表記ができないと感じられる学習者もいることがわかる。

6.5.2.2　下位群の場合

　次に正答率の下位10番目までと同じ正答率であった調査協力者（以下、下位群とする）の正答を在日ネパール人、在ネネパール人について見ていく。これによって、正答率下位群であっても、知覚が容易な語が明らかになる。

　まず、在日ネパール人の下位群として挙げられるのは以下の11名である（表23）。

表23　在日ネパール人正答率下位群

順位	調査協力者 (No.)	正答率 (％)	順位	調査協力者 (No.)	正答率 (％)
1	59	3.0	7	34	42.4
2	2	30.3	8	53	45.5
3	38	33.3	8	58	45.5
4	3	36.4	10	4	48.5
4	36	36.4	10	5	48.5
6	32	42.4			

　在日ネパール人の下位群の正答者数を刺激語ごとに表24にまとめる。

　先述した上位群では、「チーズ」の誤答が多い。すなわち正答率が低いことを示していたが、下位群では「チーズ」のミニマルペアとして挙げた「地図」の正答者が多い。このことから、「チーズ」は聞き取りにくく、「地図」

表24　各刺激語の正答者数

刺激語	人数（人）	刺激語	人数（人）	刺激語	人数（人）	刺激語	人数（人）
おばあさん	0	行った	6	病院	5	拍手	2
おばさん	5	いた	6	美容院	2	宿題	3
チーズ	2	夫	1	勝者	4	雑誌	1
地図	9	音	10	使用者	0	写真	5
良好	8	かっこ	4	十時間	4	全然	7
旅行	1	過去	7	自由時間	0	社会	1
一生	7	作家	4				
一緒	2	坂	7				
カード	6	切手	6				
角	5	着て	4				
		聞いて	2				

は聞き取りやすいことがわかる。また、表24から、「音」の正答者も多く、「地図」と同様ミニマルペアになっている語のほうが正答者は少ないことがわかる。しかし、自己紹介や家族の話をする際のことを考慮に入れると、「夫」のほうが使用頻度は高いことが推察される。それにもかかわらず、「夫」の正答者はあまり多くなく、むしろ「音」の正答者数のほうが多い。このことから、解答の際には前後の文脈や刺激語の意味から考えるのではなく、聞こえてきた刺激語をそのまま書き取っている可能性が考えられる。

　次に、在ネパール人について見ていく。在ネパール人の下位群として挙げられるのは表25の11名である。

　在ネパール人の下位群の正答者数を刺激語ごとに以下の表にまとめる（表26）。

　在ネパール人の下位群の正答者が最も多いのは「過去」である。この語

表25　在ネパールネパール人正答率下位群

順位	調査協力者 （No.）	正答率 （人）	順位	調査協力者 （No.）	正答率 （人）
1	44	12.1	5	81	27.3
1	62	12.1	8	20	30.3
1	87	12.1	8	21	30.3
4	88	21.2	8	56	30.3
5	58	27.3	8	61	30.3
5	64	27.3			

表26　各刺激語の正答者数

刺激語	人数 （人）	刺激語	人数 （人）	刺激語	人数 （人）	刺激語	人数 （人）
おばあさん	0	行った	2	病院	2	拍手	1
おばさん	2	いた	9	美容院	0	宿題	0
チーズ	1	夫	0	勝者	1	雑誌	1
地図	5	音	2	使用者	3	写真	1
良好	5	かっこ	2	十時間	5	全然	4
旅行	5	過去	10	自由時間	0	社会	0
一生	0	作家	2				
一緒	6	坂	6				
カード	2	切手	2				
角	4	着て	1				
		聞いて	2				

は在ネパール人の日本語レベルから考えると、未習語である。次に正答者の多い「いた」はおそらく既習語である。したがって、未習・既習が正答率に必ずしも影響しないことがわかる。また、在日ネパール人下位群は「地図」の正答者数が多く、在ネネパール人も「地図」の正答者は少なくない。さらに、在ネネパール人の上位群は「チーズ」の誤答者数が多い。すなわち、正答率が低いこと、併せて在日ネパール人にも同様のことがいえることから、ネパール人日本語学習者は「地図」は聞き取りやすいが、「チーズ」は聞き取りにくいことがわかった。調査協力者の母語もしくは共通語であるネパール語の母音のうち、इ・ई（いずれも /i/）は文献によって「この2つは短母音と長母音の違いであるが、発音上の違いはない」とされている母音である。このことから、少なくとも /i/ に関しては長母音と短母音の違いがつきにくく、日本語の長母音と短母音の違いも聞き分けができなかったのではないかと推察される。

　下位群全体では、正答はそれぞれの着目する点を含まない語のほうが多い傾向が見られる。したがって、他の言語を母語に持つ日本語学習者のように長音・促音といった特殊拍や拗音は知覚するのが難しいと考えられる。

6.6　まとめ

　ネパール人日本語学習者の母語もしくは共通語であるネパール語において、表記と発音にずれが見られる長音と拗音、さらに日本語学習者にとって習得が難しいとされている長音と促音について、ネパール人日本語学習者はどのように知覚しているか、調査を行った結果をまとめた。その中で明らかになった点を3つにまとめる

　まず、1点目にはネパール人日本語学習者の特殊拍と拗音における知覚として、特徴を着目する点ごとにまとめると次のようになる。

・長音：知覚は得意ではないが、その分学習歴や環境によって向上が見られ
　　　　る

　在日ネパール人は「長音あり＞長音なし」、在ネネパール人は「長音あり
＜長音なし」と真逆の結果が得られたことからもそのようにいえる。

・促音：苦手ではない

　在日ネパール人も在ネネパール人も促音のありなしにかかわらず正答率は
悪くないことからそのようにいえる。

・拗音：刺激語によって、知覚に違いが出やすい

　在日ネパール人も在ネネパール人も「拗音あり＞拗音なし」であるが、拗
音なしのほうの正答率の低さは拗音ありの解答を記入していることが大きな
原因であるため、拗音の有無を聞き分けられているとは厳密にいうことはで
きない。

　2 点目として、学習歴の長さや環境、第二言語環境での生活が知覚の向上
に大きく影響しないということがあげられる。ただし、長音を除く。長音は
1 点目でも述べたように、日本での生活や学習歴が長くなることによって知
覚が向上すると考えられる。

　3 点目は、ネパール人日本語学習者は知覚の際、自身の理解語彙ではな
かった場合に自身が持っている他の理解語彙に置き換えて認識している。し
かし、自身の理解語彙になかった場合には、聞こえたものをそのまま書き取
るという手段をとっている。

　知覚実験ではこれらのことが明らかになった。次章では、本章の調査で
扱った刺激語について生成実験を行い、ネパール人日本語学習者の特徴を明
らかにした。

第7章　調査4：生成実験

7.1　はじめに

　本章は、先述した調査の（3）生成実験についてまとめる。

　岩切（2018）では、ネパール人日本語学習者の印象として「ネパール人学生の多くは漢字に対する苦手意識が強く読み書き能力は全体的に低いものの、聞いたり話したりする能力は漢字圏学生と比べても突出して高くなる者が多い。中には、日本語学習を始めて1年も過ぎたころには、すでにティーチャートークを意識する必要がなくなるほどに上達する者も少なくない」と述べている。それはなぜなのだろうか。

　筆者がネパール人に日本語を指導した経験からも、ネパール人日本語学習者は他の母語を持つ学習者に比べて、四技能「話す」「書く」「聞く」「読む」のうち「話す」「聞く」が比較的早い段階で、しかも「書く」「読む」と比較すると抜きんでて伸びると感じられることが多かった。しかし、その一方で、ネパール人日本語学習者から送られてくるSNSメッセージには、「授業」を「じぎょう」としたり、「そうですね」を「そですね」、「どうやって」を「どうやて」としたりするように拗音・長音・促音が抜けてしまうようなことがある。他にも、「あって」が「ああて」となるように促音が長音になったり、「大丈夫」が「だいじぶ」や「だいぞぶ」となるように長音や拗音が脱落してしまい、短音化、直音化してしまうなどの間違いが見られ

る。このことから、ネパール人日本語学習者の「話していること」と、他の三技能「書く」「聞く」「読む」は認識が一致していない可能性があるのではないかと考えた。そこで、本章では、特殊拍のうち長音と促音、さらに間違いが頻繁に見られる拗音にも着目して行った生成実験についてまとめる。これは前章で述べた（3）生成実験に当たるものである。また、（2）知覚実験との比較、さらに、同じ調査を中国の北方方言を母語とする日本語学習者にも行った結果との比較も行い、四技能のうち「話す」と「聞く」についてネパール人日本語学習者の特徴を明らかにすることが目的である。

7.2 調査内容

7.2.1 調査方法

調査は調査者と調査協力者の1対1で40分から1時間ほどかけて行った。流れは前章でも述べたが以下に改めてまとめる。

（1）趣旨説明、インタビュー（20分ほど）

（2）知覚実験

（3）生成実験

本章の研究対象は（3）であるが、本橋（2013）で「特殊拍について数多くの研究があるが、知覚と生成の関係を同一被験者から取ったものは少ない。しかし、同一被験者から取ることにより、誤用の深い精査が可能になる」と述べられていることもあり、（2）との比較を行いながら結果をまとめていく。

知覚実験と生成実験を同日に行った理由として、異なる日に行うとその間に理解できなかった語の意味等を調べることが可能になってしまうためであ

る。さらに、この調査を受けたことをネパール人の友人には話さないでほしい旨も伝え、調査協力者自身の実力で調査を受けられるようにした。

次に調査方法について述べる。知覚実験については前章で説明しているため、ここでは割愛し、生成実験の方法についてのみ説明する。調査協力者にはパソコンの画面を見せ、そこに書いてある文を 2 回ずつ読み上げてもらった。調査協力者が読み上げる文は知覚実験の際に聞いた刺激語を含んだ文である。その文をパソコンの画面に 1 文ずつ表示させている。文の表記方法は知覚実験と同様、全漢字にルビを振り、分かち書きにした。生成実験ではそれにさらにアルファベット表記した文も併記した。これは、初級学習者でも確実に読めるようにするためである。また、知覚実験で聞いた文の順番とは異なる並びになるよう、刺激語を含む文はランダムに並び替えをした。知覚実験では刺激語のみを書き取るようになっていたが、刺激語ばかりに意識が向くと普段と同じように読めなくなってしまうため、文単位で読むようにした。

7.2.2 調査協力者

本研究の調査協力者は以下のとおりである。ネパール人日本語学習者の条件は前章と同じであるが、改めて述べる。

・日本在住のネパール人日本語学習者（以下、在日ネパール人とする）52名。
　　日本国内の日本語学校で 1 年 3 か月以上学習した経験があることを条件とし、その条件に当てはまれば、調査時において進学していても就職していても所属は問わない。

・ネパール在住のネパール人日本語学習者（以下、在ネネパール人とする）
99名。

ネパール国内の日本語教育機関で学習中であることを条件とした。

・日本在住の中国人日本語学習者（以下、中国人日本語学習者とする）4名。

中国の北方方言を母語とすることを条件とし、日本語の学習歴について
は在日ネパール人と同様、日本国内の日本語学校で1年3か月以上学習し
た経験があることとした。

在日ネパール人・在ネネパール人ともに実際の調査は知覚実験と同じ人数
で実施しているが、音声データが破損し、使用できなくなってしまったデー
タがあるため、上記の人数となった。また、前章は在日ネパール人・在ネネ
パール人のみであったが、本章では中国人日本語学習者も調査協力者に加え
ている。在日ネパール人と在ネネパール人との比較ではネパール人日本語学
習者間での比較となり、学習歴や学習環境での変化を探ることは可能である
が、ネパール人日本語学習者の特徴というのは見えてこない。そのため、中
国人日本語学習者にも調査を行った。

在日ネパール人と在ネネパール人は学習歴の長さや環境による違い、在日
ネパール人と中国人日本語学習者は母語による違いを観察することが可能で
ある。

7.3　結果

行った実験の正答率を調査協力者のグループごとにまとめると以下のよう
になる。

縦軸は正答率、横軸は実験の名称を示している。黒の実線が在日ネパール

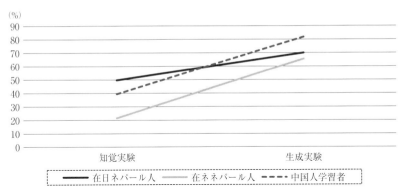

図6　実験別正答率

人、グレーの実線が在ネネパール人、グレーの破線が中国人学習者をそれぞ
れ表している。ここから、知覚実験は在日ネパール人が最も正答率が高く、
次に中国人学習者である。在ネネパール人は在日ネパール人と中国人学習者
の正答率の差の 2 倍ほどの差がある正答率となっている。それに対して、生
成実験は順序こそ中国人学習者、在日ネパール人、在ネネパール人となって
いるが、その差は知覚実験ほど大きくない。一番差のある中国人学習者と在
ネネパール人の差でも15％ほどしかなく、近接しているといえる。しかし、
中国人学習者の正答率は知覚実験とは異なり、在日ネパール人よりも高く、
逆転してしまっている。

　以上から、知覚実験は書き取りで行ったため、目の前にある文を読むより
難易度が高いため当然のこととも言えるが、知覚実験よりも生成実験のほう
がどの調査協力者もできているといえる。

　次に、実験ごとに現れた誤用をまとめる（図 7 a ～ d）。
　図 7 a ～ d の縦軸はその誤用の現れた割合である。横軸は分類した誤用の
名称である。分類した誤用ごとに在日ネパール人・在ネネパール人・中国人

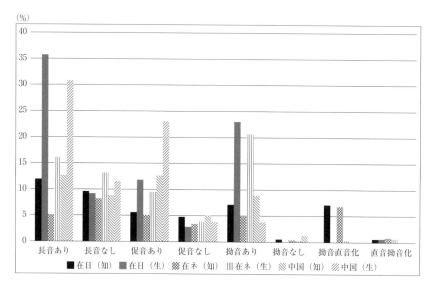

図7a　各実験に現れた誤用（1）

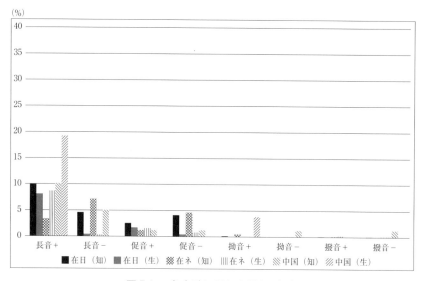

図7b　各実験に現れた誤用（2）

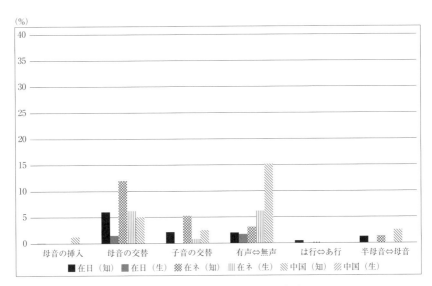

図 7 c　各実験に現れた誤用（ 3 ）

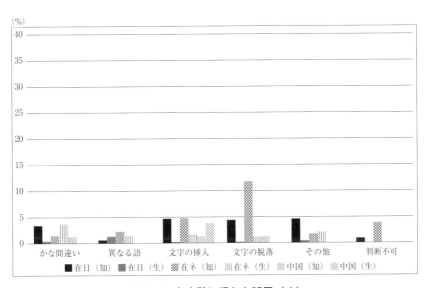

図 7 d　各実験に現れた誤用（ 4 ）

学習者の知覚と生成を比較している。

　長音ありから拗音なしまでの６つはミニマルペア間での影響を受けていると考えられている誤用である。それに対して、長音＋から拗音－までの６つはミニマルペアの影響を受けていないであろう誤用を指している。

　図７ａ～ｄからわかることを以下に３つにまとめる。１つ目は他の誤用に比べるとミニマルペア間での誤用が多いということである。どの実験、どの調査協力者についてもそのようにいえる。２つ目は、ミニマルペア間だけの誤用で見ると、知覚実験よりも生成実験のほうが誤用が多いということである。図６から知覚実験のほうが生成実験よりも正答率は低いことがわかっているが、ミニマルペア間での誤用の割合に絞ってみてみると、知覚実験よりも生成実験のほうが多いことがわかる。３つ目は、長音の誤用の割合は在日ネパール人も中国人日本語学習者も多いが、促音については、中国人日本語学習者の誤用の割合は在日ネパール人の誤用の割合を上回るということである。また、中国人日本語学習者が在日ネパール人と在ネネパール人と比べて非常に誤用が多いと見られるのは有声音・無声音の混同である。これは、中国人日本語学習者の知覚実験が最も高い値を示している。

7.4　考察

　まず、全体の考察から行う。在日ネパール人・在ネネパール人・中国人日本語学習者のいずれの調査協力者にもいえることとして、ミニマルペア間の誤用が最も多いということである。当然の結果ともいえるが、ネパール人日本語学習者に関してはミニマルペアの回答をする箇所に同一の語を解答するという現象が影響しているとも考えられる。たとえば、知覚実験では、「行った」・「いた」というミニマルペア間の問題に対して、どちらにも「いきた」のように誤答である解答を記入している場合も見られた。そこから、思い込

みもしくは知っている語で解答している場合もあると推察される。

　同じくミニマルペア間での誤用を見ると、知覚実験よりも生成実験のほう
が多いと先述した。生成実験はパソコンに表示されている文を読むのにもか
かわらず、そちらのほうが誤用が多いということは、正しく読めていないと
いうことになる。たとえば読んでいる際に、語中の母音が伸びて長くなって
しまったとしても気にしていない、もしくは他の語になってしまう等の意識
はないということになる。日本語は母音の長短で意味を弁別する言語である
ため、その点には気をつけるように指導する必要がある。

　3 つ目に挙げた中国人日本語学習者が苦手だと考えられる促音の知覚・生
成と知覚における有声音・無声音の混同であるが、これはネパール人日本語
学習者の場合、ネパール語の影響が考えられる。まず、促音の知覚・生成で
あるが、ネパール語には開音節の単語が多く存在しているが、その中に閉音
節も混ざっている言語である。これが日本語の促音に応用できたのではない
かと推察できる。在日ネパール人に限らず、在ネネパール人も促音の有無を
問わず誤用が少ないことからも、大きく日本語の学習歴や学習環境が影響し
ているとは考えにくい。したがって、ネパール語からの正の干渉が考えられ
る。

　次に、有声音・無声音の混同である。中国語の共通語は破裂音の場合、有
声音・無声音は語の意味を弁別する要素とはならず、有気音・無気音で語の
意味を弁別している。ネパール人日本語学習者の母語もしくは共通語である
ネパール語は有気音・無気音でも語の意味を弁別するが、それだけでなく有
声音・無声音でも語の意味を弁別している。さらに、先述したようにネパー
ル語の子音は日本語の子音を網羅している。この 2 点が有声音・無声音の混
同の誤用の少なさに影響していると推察される。

　逆に中国人日本語学習者に誤用が少なく、ネパール人日本語学習者に誤用
が多いものとして拗音に関するものが挙げられる。特に、知覚実験の拗音の

直音化について誤用が多くなっているが、これにもネパール語の影響が考えられる。ネパール語では子音＋半母音 /j/ の表記があった場合、日本語の拗音のように発音する場合と拗音のようにはならず、直音で発音する場合の両方があるためである。このように、日本語を聞くことについても話すことについてもネパール語の影響を良くも悪くも受けていることがわかった。

7.5　まとめ

　本章では、四技能のうち「話す」・「聞く」について能力が高くなると考えられているネパール人日本語学習者を対象に知覚実験と生成実験を行い、その誤用を探ることによって、また、中国人日本語学習者と比較することによって、その特徴を明らかにすることを目的とした。その結果からいえることは大きく3つある。

（1）ネパール人日本語学習者の解答方法にはある種のストラテジーが見られる。

　これは、ミニマルペアを解答するべき箇所に同一の解答をしていることからいえる。また、中国人日本語学習者には見られない現象であり、どちらにも正答にならない解答をしていることもあることから、思い込み、もしくは自分の理解している語で解答していると考えられる。

（2）長音は知覚よりも生成のほうが苦手である。

　中国人日本語学習者もネパール人日本語学習者も長音はほかの誤用に比べると知覚も生成も正答率が低く、誤用が多いことから、習得が難しいことがわかる。しかし、長音だけに焦点を当てると生成のほうが苦手だといえる。これは、生成実験は表示されている文を読み上げるだけにもかかわらず誤用

が多いことからこのようにいえる。日本語を正しく話すためには、まず母音の長短が意味の弁別に関わることをしっかりと理解する必要がある。

（3）日本語の知覚にも生成にもネパール語の影響を受けている。

　促音の知覚・生成が苦手ではない点、有声音・無声音を混同して知覚しない点ではネパール語がプラスに働いているといえる。その一方で、拗音については特に知覚について誤用が多く見られ、ネパール語にある子音＋半母音 /j/ がマイナスの影響を及ぼしているといえる。

　ネパール人日本語学習者は、日本語の「話す」・「聞く」について、以上の3点のような特徴を持つことが明らかになった。ネパール人日本語学習者にとって、ネパール語は母語もしくは共通語であり、教育に用いられるのはネパール語と英語であることから、ほとんどのネパール人日本語学習者はネパール語が使える。したがって、日本語を習得するうえで影響を及ぼしていると見られる特徴もネパール人日本語学習者の多くに見られると推察される。

第 8 章　まとめ──全体を通して

　本書は、ネパール人日本語学習者がどのような学習者で、どのような日本語の音声習得の特徴を持っているのか、ネパール語に着目して明らかにすることを目的としたものである。まず、現状のネパール人日本語学習者への指導に問題はないのか探り、そのポイントを 3 点に絞った。1 点目は、先行研究で明らかになっているネパール人日本語学習者を対象にした研究をまとめた（2 章）。2 点目は、今まで手探りでの日本語指導や進路指導を受けていたと感じられるネパール人日本語学習者がどのような学習背景を持って来日してくるのか、なぜ日本への留学を目指すのかについて聞き取り調査によって明らかにした（3 章）。3 点目は、ネパール人日本語学習者を対象にした日本語教材やネパール語訳のついた日本語教材がほとんどないという問題があるが、これについてネパール人日本語学習者はどのように感じているのか、学習するうえで問題がないのかについて聞き取り調査によって明らかにした（4 章）。

　以上を踏まえ、まず、ネパール人日本語学習者にとって、日本語を学習することは言語的にどれほど困難を伴うか、ネパール人日本語学習者の母語もしくは共通語であるネパール語について日本語との関係性を探った（5 章）。次に、実際にネパール人日本語学習者はどのように日本語を習得しているのか。日本語の音声習得に焦点を当てて知覚実験（6 章）と生成実験（7 章）を行った。研究対象とするのは、一般的に日本語学習者にとって習得が難しいと考えられている特殊拍である。そのうち長音と促音に着目した。さらに

ネパール人日本語学習者の母語もしくは共通語であるネパール語の表記と発音にずれが見られるものに、長音と子音＋半母音 /j/ があり、子音＋半母音 /j/ についても対象とした。

　その結果、以下のことが明らかになった。

　先行研究では、ネパール人日本語学習者の来日後の日本語学校の様子等の事例研究が多い。その中では、ネパール人日本語学習者は甘い言葉に騙されて来日し、学習意欲が低い学生が多いと述べられているが、教師間や学校間で手厚いサポートをしていく中で学校や教師に対する満足度が高くなり、学習動機が高くなった学校も見られた。しかし、ネパール人日本語学習者がなぜ留学先に日本を選択したのか、ネパールでどのような教育を受けてきたのか、日本語をどのように習得しているのか等については述べられていない。

　そこで、3章ではまず、ネパールではどのような教育を受けてきたのか、ネパール人日本語学習者がなぜ留学先に日本を選択したのかについて明らかにした。明らかになった点は4つの観点でまとめた。

　1つ目は学歴のためである。日本では学歴が本人の努力だけで取得が可能であるのに対し、ネパールではそうではないこと、またネパール国内の学歴が日本への留学ではあまり求められていないことが挙げられる。

　2つ目は英語の能力である。ネパール国内では英語が非常に重視されているため、英語がよくできればよい就職先につける可能性も高くなるうえ、留学をする必要もなくなる可能性がある。さらに、もし留学をしたければネパールで最も留学先として選択されるオーストラリアをはじめ、選択肢の多い英語圏への留学を検討できる。しかし、英語が得意でない者はどちらも望めない。そのため、英語の試験の結果が求められない日本を選択する者が必然的に多くなる。

　3つ目は金銭面である。ネパール国内では学歴を求めようとすると収入に見合わない出費になることがある。それに対して、日本では留学生であって

もアルバイトすることが可能である。労働時間に制限はあるが、ネパールで労働に励むよりも高い報酬を受け取ることができる。

　4つ目はその他として、ネパール人日本語教師や学習者から挙がった意見をまとめた。日本の治安のよさやネパール人の顔や話し方が日本人と似ていること等である。その一方で、ネパール人日本語学習者が来日後に理解する必要があることとして、まず試験がある。ネパールはクラス全員が合格点に達している必要があるが、日本では、試験は一個人の理解度を測るためのものであるため、カンニングは許されず、自らの信頼を損ねることに繋がることである。さらに、授業態度や宿題、出席率も全て成績に含まれるため、試験だけができていればよいネパールとは異なり、全ての点で努力が求められている点である。この2点はしっかりと説明しておく必要がある。

　次に、日本語を学習する教材についてである。現在はネパール人を対象にした教材やネパール語訳が付いた教材はほとんどない。ネパール人日本語学習者が学習する環境としてこのままでよいのか、聞き取り調査を行った結果、やはり今のままでは学習が大変であることがわかった。わからない点は友人や教師に質問する必要があったり、英語の辞書とネパール語の辞書を併用したりすることで理解に努めるという過程を経なければならなかった。しかしながら、聞き取り調査から、ネパール語訳があればよいというわけではないこともわかった。ネパールの教育現場では先述したとおりネパール語と英語が使用されている。そのため、どちらの言語も普段使わない言葉や書き言葉といった難しいと思われる言葉は理解しづらいという意見が挙がっており、教材には英語とネパール語の併記が求められることが明らかになった。ネパール国内で発行されている教材はそのように日本語との3言語併記となっており、日本国内での教材にもそれが求められる。ここまででネパール人日本語学習者がどのような学習者であるか明らかにした。

　そのネパール人日本語学習者がどのように日本語を習得していくのか、ま

ずネパール語と日本語の関係性から探った。

　日本語教育現場で広く採用されている日本語教材である『みんなの日本語初級Ⅰ　本冊』はネパール国内でも同じように広く用いられているが、その巻頭ページには日本語の五十音図が載っているように、日本語の学習はかなを学ぶところからスタートする。ネパール人日本語学習者には、そこに学習のしやすさがあった。ネパール語の文字はデバナガリ文字であり、その文字の配列はサンスクリット語に則っている。日本語の五十音図の配列には諸説ある文献もあるが、その１つは悉曇（しったん）が由来とされている。つまり、日本語の五十音図の配列とネパール語のデバナガリ文字の配列はほぼ同じということである。ひらがな・カタカナの文字に関しては新たに覚える必要があるが、日本語の文字が持つ音韻についてはネパール語を利用して覚えることができるため、ネパール人日本語学習者の心理的ハードルも下がり、学習が始めやすいものとなっていると考えられる。

　さらに、日本語の音声の習得について見ていくために、長音・促音・拗音に着目して知覚実験と生成実験を行った。知覚実験では促音の正答率は悪くなく、苦手ではないことがわかった。それに対して長音は知覚があまり得意ではないが、その分、能力の向上も見られるという結果になった。拗音は刺激語によって知覚の結果に差が出やすく、また、拗音のない語にも拗音があるように知覚している解答もあり、拗音の有無を聞き分けられているとはいい切れないという結果になった。長音の知覚には学習歴の長さや学習環境や生活によって向上が見られる一方で、促音と拗音についてはさほど大きな影響はないと考えられる。これは在ネパール人の結果も在日ネパール人のものと比べて大きく差がないことからいえる。また、知覚の解答の分析から、知覚した語が自身の理解語彙ではなかった場合に自身が持っている他の理解語彙に置き換えて認識しているであろうことが見えてきた。これは、中国人日本語学習者の解答には一切見られないのに対し、ネパール人日本語学習者

では在日ネパール人にも在ネネパール人にも差はあるもののそうした誤用例が見られた。したがって、ネパール人特有のストラテジーといってもよいのではないだろうか。

　また、知覚実験では、他の着目点と比較すると長音はあまり得意ではないことがわかっていたが、生成実験と比較すると生成実験のほうがより苦手であることがわかった。これは中国人日本語学習者にもいえることではあるが、文字表記において母音の長短の区別があるネパール語を母語もしくは共通語として持っていても日本語の母音の長短は区別しづらいことがわかった。しかし、日本語はその区別ができなければ正しい意味が伝わらないこともあるため、正しくことばを覚える必要性を指導していかなければならない。

　同じようにネパール語の正の干渉を受けているものとして、促音の知覚・生成と有声音・無声音の混同が起きないことが挙げられる。これは、中国人日本語学習者との比較も含めてそのようにいえる。逆に負の干渉を受けていると思われるものとして子音＋半母音 /j/ が挙げられる。これは中国人日本語学習者と比べると誤用が多いこと、ネパール語の表記としては子音＋半母音 /j/ はあるものの、発音は拗音のように読む場合と直音のように読む場合とがあり、ネパール語が日本語に応用できないことが挙げられる。

　先行研究では、ネパール人日本語学習者は会話の能力が非常に高くなる者がいると述べられていたが、以上のように日本語を学習するうえで、特に「話す」・「聞く」に関してネパール語が応用されていることが明らかになった。ネパール人日本語学習者の特徴としては、促音の知覚・生成が苦手ではない、有声音・無声音の混同が起きないといえる一方で、子音＋半母音 /j/ が苦手であることが挙げられる。また、解答方法のストラテジーとして知覚する際に、自身の理解語彙ではなかった場合に自身が持っている理解語彙に置き換えて認識するという手段をとっていると考えられる。これも今回得ら

れたネパール人日本語学習者の特徴といえる。

　しかしながら、ネパール人日本語学習者を対象にした研究はこれで十分で
はない。今後、ネパール人日本語学習者はさらなる増加が見込まれている。
そのため、日本語習得に関する研究についてもさらに進めていく必要があ
る。また、ネパール語を母語もしくは共通語に持つネパール人日本語学習者
を対象に研究を行うのであれば、同時にネパール語についても研究をする必
要があることも明らかになった。

　さらに、本書はネパール人日本語学習者を対象にした日本語教材の開発の
ための基礎研究であったことから、今回明らかになったことを活用して教材
開発に貢献していきたい。たとえば、日本国内でもネパール国内でもネパー
ル人日本語学習者が使用する教材は不備が目立つことが明らかになったた
め、ネパール人日本語学習者が手に入れやすい日本語・ネパール語・英語の
３言語併記の教材を開発することがあげられる。しかし、それには、辞書に
あるネパール語や英語を日本語の訳として掲載すればよいわけではない。ネ
パール人日本語学習者がその教材１つで学習を進めていくことが可能になる
ように、翻訳を選定しなければならないことも明らかになった。つまり、本
書を通して今後の研究を進めていくためにクリアしていく課題がさらに見え
てきたといえる。

参考文献

Attanayake priyanthika（2010）「現代日本の国語教育における五十音図の使用」『名古屋大学人文科学研究』39，41-54，名古屋大学大学院文学

英保すずな・内藤裕子・渡嘉敷恭子（2014）「国内外の日本語教育機関における初級日本語教材の実態調査・ニーズ調査と結果分析」『関西外国語大学留学生別科日本語教育論集』24，37-48，関西外国語大学留学生別科

鮎澤孝子（2001）「日本語教育のための音声教育」『音声研究』5（1），71-74，日本音声学会

鮎澤孝子・渡邊靖史・武田泉・戸田明日香・松浦沙樹（2010）「日本語教育実習における音声指導」『国際教養大学専門職大学院グローバル・コミュニケーション実践研究科日本語教育実践領域実習報告論文集』1（0），94-107，国際教養大学専門職大学院グローバル・コミュニケーション実践研究科日本語教育実践領域

石井溥（1986）『基礎ネパール語』大学書林

石井溥（1998）「ネパール語」『世界の言語ガイドブック2（アジア・アフリカ地域）』226-239，三省堂

石澤徹（2011a）「英語母語話者による日本語特殊モーラの知覚―音節単位の知覚とアクセントによる影響に着目して―」『教育学研究ジャーナル』8，21-30，中国四国教育学会

石澤徹（2011b）「英語を母語とする日本語学習者における日本語促音の誤聴―アクセントと単語内の位置に着目して―」『広島大学大学院教育学研究科紀要　第二部　文化教育開発関連領域』60，173-181，広島大学大学院教育学研究科

岩切朋彦（2015）「日本語学校におけるネパール人学生の様相とその諸問題―福岡県A校に通うネパール人学生へのライフストーリーインタビューから―」『国際文化研究論集』（9），79-112，西南学院大学大学院

岩切朋彦（2017）「「働く留学生」をめぐる諸問題についての考察（1）―グロー

バルな移民現象としてのネパール人留学生─」『鹿児島女子短期大学紀要』
　　53，15-24，鹿児島女子短期大学

岩切朋彦（2018）「「働く留学生」をめぐる諸問題についての考察（2）─福岡市
　　の日本語学校に通うネパール人留学生のエスノグラフィ─」『鹿児島女子短
　　期大学紀要』54，37-48，鹿児島女子短期大学

内田照久（1990）「日本語における長音・短音の聴覚的セグメントの測定─外国
　　人のための日本語音声教育の観点から─」『日本教育心理学会総会発表論文
　　集』32，443，日本教育心理学会

内田照久（1993）「中国人日本語学習者における長音と促音の聴覚的認知の特
　　徴」『教育心理学研究』41（4），414-423，日本教育心理学会

内田照久（1994）「外国人のための日本語音声教育における特殊拍の問題をめぐ
　　る基礎的研究の課題─音声科学に視座をおいた教育心理学からのアプローチ
　　─」『名古屋大學教育學部紀要　教育心理学科』41，87-102，名古屋大学教
　　育学部

内田照久（1998）「日本語特殊拍の心理的な認知過程からとらえた音節と拍─定
　　常的音声区間の持続時間に対するカテゴリー的知覚─」『音声研究』2（3），
　　71-86，日本音声学会

王伸子（1999）「中国語母語話者の日本語音声習得を助ける中国語方言」『音声研
　　究』3（3），36-42，日本音声学会

王伸子（2016）「日本語の促音についての一考察─音響的観察と学習者の生成実
　　態─」『専修人文論集』98，217-235，専修大学学会

沖森卓也（2010）『はじめて読む日本語の歴史』ベレ出版

沖森卓也・木村義之・陳力衛・山本真吾（2006）『図解　日本語』三省堂

小熊利江（2000）「英語母語話者による長音と短音の知覚」『世界の日本語教育』
　　10，43-55，国際交流基金

小熊利江（2001）「日本語学習者の長音の産出に関する習得研究─長音位置の要
　　因になる難易度と習得順序─」『日本語教育』（109），110-117，日本語教育
　　学会

小熊利江（2002a）「日本語の長音と短音に関する中間言語研究の概観」『言語文

化と日本語教育　増刊特集号　第二言語習得・教育の研究最前線2002』189-
200，日本言語文化学研究会

小熊利江（2002b）「学習者の自然発話に見られる日本語リズムの特徴」『言語文
化と日本語教育』24，1-12，お茶の水女子大学日本言語文化学研究会

小熊利江（2006）「自然発話に見られる日本語学習者の長音と短音の習得課程」
『Sophia linguistic: working papers in linguistics』（54），193-205，上智大学

尾崎喜光（2019）「直音の拗音化と拗音の直音化に関する研究―「20分」と「宿
題」の発音の動態―」『ノートルダム清心女子大学紀要　外国語・外編、文
化学編、日本語・日本文学編』43（1），93-105，ノートルダム清心女子大
学

押尾和美・秋元美晴・武田明子・阿部洋子・高梨美穂・柳澤好昭・岩元隆一・石
毛順子（2008）「新しい日本語能力試験のための語彙表作成にむけて」『国際
交流基金日本語教育紀要』（4），71-86，国際交流基金

嘉手川隼（2016）「沖縄県内の日本語学校におけるネパール人学習者の現状と特
徴について―A日本語学校の事例を中心に―」『地域文化論叢』（17），37-
60，沖縄国際大学大学院地域文化研究科

栗原通世（2004）「中国語北方方言話者の日本語長音の知覚特徴」『言語科学論
集』8，1-12，東北大学文学部日本語学科

栗原通世（2005）「中国語北方方言話者の日本語長音と短音の産出について」『言
語科学論集』9，107-118，東北大学大学院文学研究科言語科学専攻

栗原通世（2006）「中国尾北方方言を母語とする日本語学習者による母音長の制
御と長短の知覚」『音声研究』10（2），77-85，日本音声学会

栗原通世（2007）「日本語学習者による母音張の知覚に関する基礎的研究―フィ
ンランド語・中国語・韓国語話者を対象として―」『日本語教育方法研究会
誌』14（1），62-63，日本語教育方法研究会

小泉保（1990）「私の五十音図観」『日本語学』9（2），4-9，明治書院

国語学会編（1991）『国語学大辞典』東京堂出版

酒井治孝（2008）「ネパール人留学生の日本語研修と留学生活」『専門日本語教育
研究』（10），3-10，専門日本語教育学会

佐藤喜代治（1990）「私の五十音図観」『日本語学』9（2），10-15，明治書院

佐藤由利子（2012）「ネパール人日本留学生の特徴と増加要因の分析：送出し圧力が高い国に対する留学生政策についての示唆」『留学生教育』(17)，19-28，留学生教育学会

賈海平・森大毅・粕谷英樹（2006）「話速の変化に対する日本語の促音・長音の時間構造の分析に基づく日本語学習者の習熟度評価—中国語母語話者を例として—」『日本語音響学会誌』62（6），433-442，日本音響学会

杉本妙子（2003）「ベトナム語圏日本語学習者の発音に関わる誤用についてⅠ—誤用の実態を中心に—」『茨城大学人文学部紀要　コミュニケーション学科論集』14，19-45，茨城大学人文学部

杉本妙子（2005）「ベトナム語圏日本語学習者の発音に関わる誤用についてⅡ—音声聞き取り調査と発音調査における長音化・短音化の誤用の比較と考察—」『茨城大学人文学部紀要　コミュニケーション学科論集』17，73-93，茨城大学人文学部

杉本妙子（2007）「ベトナム語圏日本語学習者の発音に関わる誤用についてⅢ—促音と撥音における誤用の比較と考察—」『茨城大学人文学部紀要　人文コミュニケーション学科論集』2，149-164，茨城大学人文学部

助川泰彦（1992）「インドネシア人日本語学習者のアクセントにおける特殊拍の影響」『日本語学校論集』18，63-81，東京外国語大学外国語学部附属日本語学校

助川泰彦・前川喜久雄（1997）「日本語長音の短母音化現象—語中位置および発話のスタイルとの関係—」『電子情報通信学会技術研究報告．NLC，言語理解とコミュニケーション』97（439），9-14，電子情報通信学会

鈴木一郎（1989）「パーニニのサンスクリット文法と「五十音図」の形成について」『恵泉女学園大学人文学部紀要』1，110-90，恵泉女学園大学

竹中佐英子（2009）「日本語教育教材の分析」『目白大学人文学研究』（5），245-258，目白大学

趙牧耘・高中公男（2018）「中国における日本語教育用テキストの特徴」『事業創造大学院大学紀要』9（1），133-143，事業創造大学院大学

趙牧耘・高中公男（2019）「中国人学生に対する日本語教育の問題点」『事業創造大学院大学紀要』10（1），101-111，事業創造大学院大学

土屋理恵（2013）「"漢字を教える"ということを考える―ベトナム・ネパール人学生に対する初級日本語教育を通して―」『教育研究フォーラム：学校法人タイケングループ研究誌』（5），70-78，タイケン

中川道子・二村年哉（2000）「初級日本語学習者の長短母音の認識傾向と持続時間」『北海道大学留学生センター紀要』4，18-37，北海道大学留学生センター

中村明夫（2011）「日本語教育における音声教育の実践報告」『別府大学日本語教育研究』1，28-34，別府大学日本語教育研究センター

長柄行光（1998）「サンスクリット語」『世界の言語ガイドブック2（アジア・アフリカ地域）』62-78，三省堂

ナヨアン，フランキーR.・横山紀子・磯村一弘・宇佐美洋・久保田美子（2012）「インドネシア語話者による日本語の長短母音の習得に関する調査―聞き取り・読み上げ発話・自然発話のデータから―」『音声研究』16（2），28-39，日本音声学会

野津治仁（2006）『CDエクスプレス　ネパール語』白水社

浜田清彦（2014）「ネパールの教育・留学事情―海外ブームの中で―」『留学交流』（39），32-38，日本学生支援機構

林佐平（1981）「初学段階における日本語の音声教育―中国人初心者の聴音問題点と母国語の干渉について―」『日本語教育』（45），133-144，日本語教育学会

引田梨菜（2019a）「ネパール人日本語学習者に対する知覚実験―長音・促音・拗音に着目して―」『専修国文』（105），43-60，専修大学日本語日本文学文化学会

引田梨菜（2019b）「ネパールにおける日本語教育の実態―聞き取り調査を通して―」『日本語教育研究』（65），210-228，長沼言語文化研究所

引田梨菜（2022a）「ネパール国内における日本語学習のためのネパール語による教材―『分類別　語彙』を例に―」『専修人文論集』（110），313-336，専修

大学学会

引田梨菜（2022b）『ネパール語話者に教える』Webjapanese

引田梨菜（2022c）「ネパール人日本語学習者の誤用分析―中国人学習者との比較―」『*The 28th Princeton Japanese Pedagogy Forum PROCEEDINGS2022*』299-307，Princeton University Department of East Asian Studies

福岡昌子（1995）「北京語母語話者と上海語母語話者を対象とした日本語の有声・無声破裂音の横断的習得研究」『言語文化と日本語教育』9，201-215，お茶の水女子大学日本言語文化学研究会

二村年哉・中川道子（1999）「漢字読みテストの誤答に見られる傾向と分析―長音を中心に―」『日本語教育方法研究会誌』6（2），12-13，日本語教育方法研究会

ヘラカジ・シャキャ（2013）『分類別　語彙』スバスティックアファセット出版

堀口純子（1993）「日本語学習者による方言音声の清濁と特殊拍の聴き取り」『文藝言語研究　言語篇』23，73-87，筑波大学文藝・言語学系

舛井雅子・片山きよみ（2012）「日本語教育における初級語彙に関する諸問題―自主教材『くすのき』の語彙選定を巡って―」『熊本大学国際化推進センター紀要』3，45-61，熊本大学

町田和彦（1998）「ヒンディー語」『世界の言語ガイドブック2（アジア・アフリカ地域）』273-285，三省堂

馬渕和夫（1990）「私の五十音図観」『日本語学』9（2），16-22，明治書院

馬渕和夫（1993）『五十音図の話』大修館書店

丸山敬介（2008）「日本語教育において「教科書で教える」が意味するもの」『日本語教育論集』24，3-18，国立国語研究所

皆川泰代・前川喜久雄・桐谷滋（2002）「日本語学習者の長／短母音の同定におけるピッチ型と音節位置の効果」『音声研究』6（2），88-97，日本音声学会

南埜猛・澤宗則（2017）「日本におけるネパール人移民の動向」『移民研究』(13) 23-48，沖縄移民研究センター

南埜猛・澤宗則（2020）「ネパールにおける留学ビジネス―日本語「学校」の戦

　略―」『日本地理学会発表要旨集』2020s（０），76，日本地理学会

南真木人（2008）「ネパール語」『世界のことば・辞書の辞典　アジア編』245-254，三省堂

本橋美樹（2005）「英語話者による促音の認識」『言語文化と日本語教育』30，95-98，お茶の水女子大学日本言語文化学研究会

本橋美樹（2010）「促音聞き取りにおける視覚情報の効果」『関西外国語大学留学生別科日本語教育論集』20，43-52，関西外国語大学留学生別科

本橋美樹（2012）「日本語学習者による文字表記の誤用と音声知覚の関連性」『関西外国語大学留学生別科日本語教育論集』22，53-62，関西外国語大学留学生別科

本橋美樹（2013）「文字表記と音声知覚の関連性―表記と聴取データの比較から―」『関西外国語大学留学生別科日本語教育論集』23，95-108，関西外国語大学留学生別科

本橋美樹（2018）「ひらがな表記の特性と音声教育の関連性」『関西外国語大学留学生別科日本語教育論集』28，101-114，関西外国語大学留学生別科

本橋美樹（2019）「ひらがな表記の視覚・音韻情報を用いた音声教育の一案」『関西外国語大学留学生別科日本語教育論集』29，47-56，関西外国語大学留学生別科

本橋美樹・石澤徹（2015）「日本語初級学習者による文字表記の誤りの特徴―無意味後との比較から―」『関西外国語大学留学生別科日本語教育論集』25，15-23，関西外国語大学留学生別科

本橋美樹・石澤徹（2016）「書字情報が持つ L2 音声習得への影響に関する一考察―発音の生成に焦点を当てて―」『関西外国語大学留学生別科日本語教育論集』26，13-22，関西外国語留学生別科

森岡健二（1990）「私の五十音図観」『日本語学』9（2），23-29，明治書院

八木恵子（1983）「中国系日本語学習者の音声聴解について―撥音・促音・長音・拗音・母音が脱落する場合―」『専修国文』（33），117-137，専修大学国語国文学会

夜久正雄（1976）「日本語と英米語とネパール語との比較ノート―主として語順

および一人称主語について―」『アジア研究所紀要』3，113-131，亜細亜大学アジア研究所

夜久正雄（1987）「膠着語の旅・抄」『アジア研究所紀要』14，45-77，亜細亜大学アジア研究所

山田孝雄（1938）『五十音圖の歴史』宝文館出版（本文中は、1980年刊復刻第二刷）

山本富美子（2004）「日本語談話の聴解力と破裂音の知覚との関係―中国北方方言話者と上海語方言話者に対する比較調査より―」『音声研究』8（3），67-79，日本音声学会

柳基憲（2017）「ネパール人留学生の実態に関する研究―福岡で学ぶ留学生を対象として―」『都市政策研究』(18)，113-125，福岡アジア都市研究所

柳京子（1992）「韓国人における日本語の言いあやまり研究―おもに母音、長母音、母音の無声化について―」『人文科教育研究』19，85-100，人文科教育学会

若井千草（2015）「日本語・日本語教育学科ネパール人学校の児童に対する日本語学習支援」『人と教育』(9)，58-61，目白大学教育研究所

若生正和・李多慧（2014）「日本語学習者の特殊拍産出に見られる特徴：長音を中心に」『大阪教育大学紀要　第Ⅰ部門　人文科学』63（1），47-56，大阪教育大学

渡辺裕美（2011）「ロシア語母語話者の発音の特徴と指導における問題点―日本人日本語教師に対する調査から―」『国際交流基金日本語教育紀要』7，71-84，国際交流基金

Bala Ram Aryal（2010）. नेपाली भाषा *NEPALI LANGUAGE*, Kathmandu: VijayOffset Press

Michael Hutt, Krishna Pradhan & Abhi Subedi（1999）. *COMPLETE NEPALI*, London: Hodder Education

参考資料

国際交流基金『海外の日本語教育の現状　2015年度日本語教育機関調査より』
　　〔https://www.jpf.go.jp/j/project/japanese/survey/result/survey15.html
　　（最終閲覧日2022年 9 月30日）〕
国際交流基金『海外の日本語教育の現状　2018年度日本語教育機関調査より』
　　〔https://www.jpf.go.jp/j/project/japanese/survey/result/survey18.html
　　（最終閲覧日2022年 9 月30日）〕
スリーエーネットワーク『みんなの日本語初級 I　第 2 版　本冊』
スリーエーネットワーク『みんなの日本語初級 II　第 2 版　本冊』
スリーエーネットワーク『みんなの日本語初級 I　第 2 版　翻訳・文法解説英語
　　版』
スリーエーネットワーク『みんなの日本語初級 I　第 2 版　翻訳・文法解説中国
　　語版』
スリーエーネットワーク『みんなの日本語初級 I　第 2 版　ネパール語語彙訳』
スリーエーネットワーク『みんなの日本語初級 II　第 2 版　ネパール語語彙訳』
日本学生支援機構「平成22年度外国人留学生在籍状況調査結果」
　　〔https://www.studyinjapan.go.jp/ja/statistics/zaiseki/data/2010.html
　　（最終閲覧日2022年 9 月30日）〕
日本学生支援機構「平成23年度外国人留学生在籍状況調査結果」
　　〔https://www.studyinjapan.go.jp/ja/statistics/zaiseki/data/2011.html
　　（最終閲覧日2022年 9 月30日）〕
日本学生支援機構「平成24年度外国人留学生在籍状況調査結果」
　　〔https://www.studyinjapan.go.jp/ja/statistics/zaiseki/data/2012.html
　　（最終閲覧日2022年 9 月30日）〕
日本学生支援機構「平成25年度外国人留学生在籍状況調査結果」
　　〔https://www.studyinjapan.go.jp/ja/statistics/zaiseki/data/2013.html
　　（最終閲覧日2022年 9 月30日）〕

日本学生支援機構「平成26年度外国人留学生在籍状況調査結果」
　〔https://www.studyinjapan.go.jp/ja/statistics/zaiseki/data/2014.html
　（最終閲覧日2022年 9 月30日）〕
日本学生支援機構「平成27年度外国人留学生在籍状況調査結果」
　〔https://www.studyinjapan.go.jp/ja/statistics/zaiseki/data/2015.html
　（最終閲覧日2022年 9 月30日）〕
日本学生支援機構「平成28年度外国人留学生在籍状況調査結果」
　〔https://www.studyinjapan.go.jp/ja/statistics/zaiseki/data/2016.html
　（最終閲覧日2022年 9 月30日）〕
日本学生支援機構「平成29年度外国人留学生在籍状況調査結果」
　〔https://www.studyinjapan.go.jp/ja/statistics/zaiseki/data/2017.html
　（最終閲覧日2022年 9 月30日）〕
日本学生支援機構「平成30年度外国人留学生在籍状況調査結果」
　〔https://www.studyinjapan.go.jp/ja/statistics/zaiseki/data/2018.html
　（最終閲覧日2022年 9 月30日）〕
日本学生支援機構「2019（令和元）年度外国人留学生在籍状況調査結果」
　〔https://www.studyinjapan.go.jp/ja/statistics/zaiseki/data/2019.html
　（最終閲覧日2022年 9 月30日）〕
日本学生支援機構「2020（令和 2 ）年度外国人留学生在籍状況調査結果」
　〔https://www.studyinjapan.go.jp/ja/statistics/zaiseki/data/2020.html
　（最終閲覧日2022年 9 月30日）〕
日本学生支援機構「2021（令和 3 ）年度外国人留学生在籍状況調査結果」
　〔https://www.studyinjapan.go.jp/ja/statistics/zaiseki/data/2021.html
　（最終閲覧日2022年 9 月30日）〕
ヘラカジ・シャキャ『分類別　語彙』スバスティックアファセット出版

謝辞

　本書は2022年度に提出した博士論文を加筆・修正したものである。ネパール人日本語学習者の日本語習得について研究したいという気持ちで博士課程に入学してから、ネパール語を勉強し始め、ネパールへ調査にも向かうようになった。そんな中での新型コロナウイルス感染症の影響は計り知れないものであった。軌道修正を余儀なくされる場面もあったが、受け入れるほかなかった。もっとこうしたかった、こんな調査がしたかったという気持ちがあることは否定できないが、今後の長い研究生活を考えれば、ほんの少し後回しになっただけである。

　ネパール人日本語学習者の日本語習得や誤用分析を扱った研究はまだまだ少ないのが現状である。本書をきっかけにネパールに興味を持つ人やさらには研究をしたいと思ってくれる人が増えたらこれほど嬉しいことはない。ネパール人日本語学習者の研究やネパール国内の日本語教育がこれからさらに活発化するように私も精進していきたい。

　本書をまとめるにあたっては、多くの方々にお世話になりました。

　まず、主査を引き受けてくださった指導教授である王伸子先生に厚くお礼申し上げます。先生には学部生の時から非常に手厚いご指導をしていただきました。修士課程・博士課程に進めたのは王先生がいてくださったからです。博士課程に進んでからも学会発表や論文投稿に向けて常に私を叱咤激励してくださったおかげで博士論文の提出をすることができました。心より感謝申し上げます。さらに、お忙しい中、副査を引き受けてくださった高橋雄一先生、阿部貴人先生をはじめ専修大学文学研究科の先生方に厚くお礼申し上げます。いつも優しく的確にご指導くださり、非常に勉強になりました。今後ともよろしくお願いいたします。

また、いつも私の無理なご相談にお付き合いくださった専修大学出版局の真下恵美子氏、ネパールで調査に協力してくださった先生方、学生の皆さん、学業やアルバイトが忙しいにもかかわらず快く調査に協力してくれた多くの方々にも心より感謝申し上げます。特に本書は真下さんの温かいお心がなければ完成しなかったと思います。誠にありがとうございました。

　なお、本書の出版にあたっては、令和5年度専修大学課程博士論文刊行助成を受けました。専修大学ならびに関係者の皆様に感謝申し上げます。

2024年1月

引田梨菜

索引

ま

や

ら

著者略歴

引田　梨菜（ひきた　りな）

2020年4月　共立女子大学非常勤講師
2023年3月　専修大学大学院文学研究科日本語日本文学専攻博士後期課程修了
　博士（文学）
2023年4月　専修大学国際コミュニケーション学部助教
　主要な著作に、『ネパール語話者に教える』（日本語教師読本38、webjapanese
ブックレット、2022）や「ネパールにおける日本語教育の実態―聞き取り調査を
通して」『日本語教育研究』（65）（長沼文化研究所）等がある。

装丁：尾崎美千子
カバー写真：引田梨菜

ネパール人学習者の日本語習得
—音声を中心に—

2024年2月28日　第1版第1刷

著　者　引田梨菜
発行者　上原伸二
発行所　専修大学出版局
　　　　〒101-0051　東京都千代田区神田神保町3-10-3
　　　　　　　　　　　　　（株）専大センチュリー内
　　　　電話 03-3263-4230（代）
印刷
製本　　亜細亜印刷株式会社

ISBN978-4-88125-389-2